きっと楽になる家族介護のすすめ

73歳介護福祉士が語る
楽になる介護のコツ

石井統市

推薦文

超高齢社会の新しい常識に向けての生きたメッセージ

厚生労働省　元厚生労働事務次官
東京大学高齢社会総合研究機構
前特任教授　現客員研究員
健康生きがい開発財団　理事長　辻哲夫氏

世界の高齢化の最前線日本において、いよいよその正念場が近づいています。それは、高齢者の高齢化といわれる現象で、２０２５年には団塊の世代が、後期高齢者すなわち75歳以上となり、その後は85歳以上人口が急増し、２０４０年にかけて1千万人という大きな人口集団となり、多くの人々が人生１００年を目指す時代となるのです。

本書は、そのようなこれまで経験したことのない時代をどう迎えるべきかについて、貴重な指針を示してくれるものといえます。

著者の石井さんと私は同じ団塊の世代で、今から10年近く前お互いに60歳代半ば頃に、仕事の上で出会いました。ある出版社の幹部であった石井さんが私の勤務している東京大学高齢社会総合研究機構を訪ねてきて、今後やってくる本格的な高齢社会についての危機意識がまだ各方面に広まっていない、特に、市町村等地方行政関係者と企業関係者に対する啓発の書を企画しているので相談に乗ってほしいという依頼を受けたことが始まりです。

そこで、長崎昇氏と協力して、「超高齢社会―日本の挑戦」と題する書籍をまとめ、それと併せて、その書籍内容をテーマとする講演会を行うという取り組みが行われました。

私は、それで一仕事終わったと思っていたら、石井さんがまた私のところへお出でになり、本気で社会を変えるには啓発を持続しなければならないと私に訴え、その後、超高齢社会への挑戦というテーマで、シリーズとして通算5冊を毎年発刊し続けることになったのです。

その過程で石井さんと色々語り合う中でお互いの人生観に深く通ずるものがあり、

意気投合する仲となりました。私はかねてより、歳をとり現役時代の肩書から離れてからの一人の人間としての生き方こそが、その人の真価を表すと考えており、それをどのように生きるかが大切だと人に説いてきたので、それを石井さんにも語ったことを記憶しております。

そして、2冊目の書籍の出版が終わった時期のある日に私のところへお出でになった石井さんは、突然私に、会社を辞め介護の仕事を目指すということを告げられました。石井さんの意思は固く、私はその決断の鮮やかさに心から驚きましたが、その少し前に、大病院で3か所のがんを急に宣告され、ひとたび死を覚悟したというお話を伺っていたので、おそらく熟慮の上ご自分の人生の選択をされたのであろうと推察し、その決断を祝福し、お互いに引き続き更なるお付き合いをしようと約したのでした。

我が国は冒頭に述べたように超高齢社会という未曽有の経験をすることとなります。

その最前線集団が団塊の世代ですが、どのような生き方や社会の仕組みを目指したらよいのでしょうか。65歳で引退というのは、あまりにも早すぎます。

ようやく国の政策も70歳まで働くという方向に舵を切っていますが、私は、それに止まらず、人生100年を展望して、更に長く働いたり、住んでいる地域などで社会参加をし続けるような生き方の社会を目指すべきだと思います。

一方、ピンピンコロリということは稀で、大部分の人は、加齢とともにいずれは弱り大なり小なり人のお世話になるということも当たり前といえます。このような時代において、弱ったらおしまいというのでは、一体何のために豊かで長生きできる社会を目指したのかわからなくなってしまうということになります。例え弱っても、誰もが等しく有する尊厳を尊重し合い、生きていてよかったという社会をつくり上げなければ、私達の目指す社会は完成しないと考えます

このためには、できる限り元気で自立を保とうという自助、互助の精神を大切にした生き方を皆が目指す一方、介護保険など共助、公助の考え方に立った社会の仕組みをしっかりと位置づけていく必要があります。

この仕組みを支えるうえで大切なのが介護に携わる人材です。心優しい介護人材は、日本が平和で住みやすい国であるために不可欠のものといえます。

以上述べたようなことを私は石井さんとのお付き合いの中でも語り合ってきたように思います。私の話が石井さんの人生に影響したとすれば、石井さんの大転身は、そ

れを語った私自身の今後の人生にもかかわるような重い出来事だと受け止めました。

それ以来、石井さんと私のお付き合いは一層深まっていきました。石井さんは、介護の勉強を半年間した上で、介護現場に就職されました。それも私が常々今後の在宅介護サービスで大変重要になると考えてきた小規模多機能型居宅介護事業所という仕事の場を選ばれました。

就職後落ち着かれた頃から、仕事の合間に現場の状況や要望事項を書き留めた文書を携えて来られる石井さんと定期的に意見交換するようになったのです。そのお話を伺っていて、石井さんは、決して楽ではない介護の仕事の現場で、謙虚にお年寄りに向き合い素晴らしい営みをされていることがひしひしと伝わってきました。

介護福祉士の資格も取得され、若い介護従事者にお年寄りを大切に思い優しく接する心を説く一方、仕事の合間をぬって私に介護の現場で努力する従事者の処遇改善がどうしても必要であることを説き続けてこられました。

今は一介の研究者に過ぎない身ですが、私なりに石井さんの思いに応える努力をし、石井さんに対して恥ずかしくない人生を送らねばならないと思いつつ、石井さんに是非、その新しい経験を本に書くようにおすすめし、完成したのが、本書です。

この本の特色は、ご自分のお母様を在宅で懸命に介護した経験を経たうえで、高齢期を迎えた人生経験の厚い職業人として介護に従事しているという立場から、かつての自らの在宅介護の仕方についての反省を含めて高齢者の在宅での介護を客観的に見つめなおすという点にあります。

今後の日本の高齢者世帯は、子どもとの同居家族はむしろ稀なものとなってきており、一人暮らしや夫婦だけの世帯が基本です。したがって、今後の家族介護は、従来のような家族介護の形の延長線のままのものではありません。

小規模多機能型居宅介護事業は、「通い」「訪問」「泊り」という様々な形の介護サービスをお一人暮らしを含めた在宅の高齢者とその高齢者に関わるご家族の状況に応じてきめ細かな形で利用することができるようにする、そして在宅で生活されている高齢者を家族とともに支えていくことを目指すという、今後の我が国の在宅介護サービスのあり方を象徴するような仕組みです。

石井さんは、かつて自ら親の介護をされた経験を念頭におき、小規模多機能型居宅介護事業所で実際に働かれ、お一人暮らしを含めてどの高齢者についてもそのご家族との関係を基本におかれ、専門職による介護サービスは、高齢者とご家族の関係性を尊重したうえで行われるべきものであるとのお考えで取組まれました。そして、今後の介護は、ご家族が困ったときには気軽に在宅介護サービスを使っていただくことが必要であるという考え方を示しておられます。このように、必要に応じ専門職のサービスを活用すべきであるとしつつ、高齢者との住まい方が同居であっても別居であっても家族のかかわりが基本であるという石井さんの考え方は、いわば新しい家族介護のすすめでもあります。

この中で、利用者であるお年寄りの誇りある生き様とそれを優しく見守り支える石井さんの眼差しを通して、介護の神髄が表されていると思います。

このように、単に専門職が、専門的な知識や技術を説くのではなく、在宅での介護でご苦労されている方々、今後高齢者の在宅介護に関わる可能性のある方々すべてに対して、その立場に立って実践的にアドバイスするという貴重な書籍です。

一例をあげれば、お母様が認知症になられた際何冊か本を読んでみていたけれど、目の前の介護では混乱して実際は役に立たなかったという経験をされた上で、実際は何が大切かといったアドバイスがなされているなど経験者目線の率直な内容となっています。

また、この本は、単に在宅での介護のあり方のアドバイスだけでなく、今後の超高齢社会の生き方や社会のあり方を指し示しています。

典型的な仕事人間といえる人生を68歳までされ、更に続けることもできたのに、あえて、決して楽でない、しかし、今後の社会にとって大変重要な介護の仕事に転身するという見事な転身を実際にやってのけたという貴重な物語でもあるのです。私に同じことができるかと言われれば、正直言って自信はありません。

私達団塊の世代は、先人の尊い犠牲の上で得られた戦後の平和な時代の経済発展に尽くしてきましたが、これだけで先人の願いに応えたといえるのでしょうか。

団塊の世代誰もが70歳以降も働くべきとは言いませんが、今後次世代に色々世話になる世代になっていく中で、私達はどのような生き方をしていくべきかが問われています。

団塊の世代は、何かにつけブームメーカーの役割を担ってきたように思います。今後の高齢期の生き方に新しい常識を付けくわえていくために、次の世代にどのように背中を見せていくのかという大きな役割が残されているのではないでしょうか。

本書は、このような問いかけに応える実践を通した生きたメッセージです。

高齢期の人生を石井さんのように受け止めて生きる気概を皆が持てれば、日本には素晴らしい未来があると確信いたします。

はじめに

母の介護を13年間体験しながら、その間の出版社勤務時代は日本の超高齢社会の対応策を論じた本を企画し、シリーズで3冊出版に参画しました。

会社を退職後は、小規模多機能型居宅介護事業所という介護施設でパートとして勤務し、今日までできました。

この体験から、今、介護でお困りの方、これから介護時代を迎えようとされている方、将来不安を抱えておられる皆様に、「もっと楽になる家族介護」をお伝えしたいと思うようになりました。

介護は大変で手間や力も入り、汚いというイメージをお持ちの方が、殆どと思います。実際にもそうです。しかし、介護が始まった場合、介護される方、介護をする方の双方が少しでも楽に介護を続けられるように、また介護する方、される方も気分的に楽になるように本を書いています。

読者の皆様には、家庭読本として一家に1冊常備していただければ幸いです。

時代は、平均寿命が80代から伸びていき、多くの方が80代後半から90代で旅立っていかれます。ところが健康寿命は、男女とも70代前半です。この10年以上の差の中で介護を受けられる方が大勢出てこられます。

高齢になられるすべての方は、お一人お一人がお元気で人生を終えられるのか、それとも障害を抱えながら終えられるのか、誰も分からない未知の世界に入っていきます。

現代は、長生きを手に入れることにより、大多数の方が、老衰や生活習慣病、認知症にかかりご苦労の多い人生を歩まれることになります。

辻哲夫先生がインタビューの中で、認知症について語っておられます。

「ご存知のように認知症は加齢に伴う症状で、知的な面での障害です。長生きすれば大変高い確率で発症し、私の知る限りでは90歳以上で約6割、95歳以上で約8割を占めるとされています。今後フレイル（虚弱）予防は重要ですが、一方において、日本は長生きすれば誰もが障害者になり得る社会となったのです。」

この衝撃的な事実に、私たちはどう向き合えばよいのか、私は、小規模多機能型居宅介護事業所で勤務をさせて頂く中で、誰もが介護の問題に正面から取り組む必要を強く感じました。

母の介護や介護学校で習得した知識、また、現役の介護職員としてはまだ知識も経験も十分ではないことをよく理解しています。しかし、私はこう思うのです。親を思いやる気持ちや配偶者同士が思いやる気持ちを皆が同じように持っておられますが、実際に親や配偶者が弱ったときどのように向き合えばよいのか。今は家族の住まい方として高齢の親との同居だけでなく様々な形がありますが、高齢者のことを一番身近な者として知っているのは家族です。

このように、私は介護の仕事に携わり、家族の役割の重要性を再認識する一方で、私達は、家族としては老いの姿や介護についての知識はまだまだ希薄であるということを痛感しています。

高齢者と家族との住まい方が同居であっても別居であっても家族の果たす役割は大切なものであり、今後は誰もが老いの姿や介護について学び、家族として何らかの形で介護に関わり続ける「家族介護」の時代が来たのだと思います。

したがって、一刻も早く、全国の国民の皆様が老化を理解され、介護の知識を持っていただき、介護をする方は、目の前の障害を取り除いていただき、まだの方は、来るべき将来に備えていただきたいのです。

自然災害多発の国日本では、地震や津波、台風等に全国のご家庭で、備えをしておられます。

この老化により生じる要介護という事態に対しても、同じ意識で今から備えていただきたいのです。

人生の困難に向き合うのですから、多少の知識の習得は必要です。そのことが人生の苦労を軽減してくれるのなら、習得して良かったと必ず思っていただけるものと思います。

私の全日制の介護学校での6か月間の授業は、知らない事ばかりで、新発見をしたような興奮を覚え、眠たくなるどころか、毎日目からうろこが落ちました。お陰様でサラリーマンの目つきから、優しい介護職員の目になりました。読者の皆様もこの本を読まれるときっと目からうろこの箇所をあちこちに見つけていただけることと思います。

本の各章は介護学校での専門書から多くを引用していますが、出来るだけ一般の方に分かりやすいように、日常生活のなかで使われる言葉で説明しています。

序章は、私の失敗ばかりの人生から、介護の世界に行き着いた背景です。

第1章は、「老化の理解について」書いていますが、高齢化は、どなたも通る道です。

ここは、読まれて新鮮な驚きを持たれると思います。

第2章は、「知っておけば安心　家族介護のコツ」ですが、具体的な介護の知識を覚えて楽に介護に関わって頂くためのプロの考えや方法です。

第3章は、「認知症について」です。知識を習得していただけば、認知症の方への理解が深まり、どのように接していけばよいのかが分かるようになります。直接介護をされる方は、肉体的にも精神的にも非常に楽になることと思います。

第1章から第3章までの各最後に記した「勤務する施設で介護をした忘れ得ぬ方々」については、悲しくもさわやかに余韻を残され旅立っていかれた利用者の皆様のエピソードです。ご家族様には心よく掲載のご許可を頂戴しました。お手紙の返信には、私の知らない深い愛情に満ちたお話も書いてありました。

第4章は、高齢化問題に厚生労働省時代から深く関わられ、退官後も一貫して高齢者問題の解決に取り組んでおられる辻哲夫先生と本書の企画にあらゆる助言をしていただいた長崎昇先生と著者の鼎談《ていだん》です。長崎昇先生が核心を掘り起こす質問をして下さり、鼎談は本書の総括的な位置づけを論じる内容として構成されています。

費用面について触れますが、10年ほど前に、母の介護施設への入居の際、近隣の介護施設を20カ所以上見学しました。現在、小規模多機能の施設に勤務して思うことは、介護保険で運営される特別養護老人ホームやグループホーム等で介護保険の給付対象サービス費が1割負担の方の個室入所に比較し、在宅を基本にした家族介護(デイサービスやショートステイ、訪問看護・介護の利用)のメリットは利用回数にもよりますが、宿泊費や食事の負担が少なく費用面では大まかに1／3程度で抑えられるように思います。

本書を通して、これまで申し上げたような「家族介護」という考え方にご理解を頂き、全国の皆様の取り組みの総和が、地域で生きる高齢者の安心や笑顔につながり、全住民が住みやすい環境を維持することが出来たら、これに勝る喜びはありません。

なお、本書の内容についての責任は全て著者個人に属することをお断りいたします。

2020(令和2年)年11月　石井統市

目次

付記

石井統市

序章

72歳で介護福祉士になる

なぜ、私は本を書いたのか

現在、72歳になる私が介護業界に入ったのは、68歳になってからです。

希望に燃えて介護学校を終了し、介護施設にパートで入社はしたものの知識と実務のギャップに驚き、体力のいる仕事だと実感しました。先輩介護職員の介護や看護師の看護には崇高なものを感じ、見ている間に感動して涙がこぼれることがありました。また、高齢で不自由な利用者のお姿を見ているとその方の来し方とのギャップを見る思いで涙することもありました。年だから、涙もろくなっているわけではないと思っています。

勤務を始めてからは、出版社時代から親しくお付き合いいただいた辻哲夫先生のもとに定期的にお伺いして介護業界全体の改善をお願いしてきました。2年が経過したころ、辻先生から介護奮戦記を書きませんかとの助言をいただきましたが、まだ未熟で多くのことを体験したいと思い延ばしてきました。

勤務して4年が経過し、介護福祉士にも合格したこの時点で、新型コロナウイルスが流行し、医療、介護業界でのクラスター感染も発生しています。70歳を過ぎている私は感染に細心の注意を払い日々の生活や介護をしています。この緊急時の緊張感をもって辻先生と長崎先生のご協力をいただき本を出すことにしました。
私の失敗も踏まえ多少の知識と介護のコツを理解していただけば、家庭の介護が気分的にも体力的にも楽になると思っています。

同居した母の介護でしでかした数々の失敗

私と介護の付き合いは、今から20年前に田舎から両親を呼び同居を始めた時からです。父母とも74歳で同居し、今から7年前に母が亡くなるまで13年間介護をしてきましたが、介護の知識がなかったために良かれと思いしてあげたことは、母の意に添わぬ多くの間違いでした。

その頃は効率主義をよしとして仕事に邁進し間違っていることさえ気づかない日々でした。仕事の忙しさにかまけて介護らしい介護もせずに訪問介護のヘルパーさんや病院のお医者さんや看護師さん、最後の2年は介護施設に入所しましたが、職員の方々に丁寧な介護をしていただき大変お世話になりました。

その後、お世話になった恩返しをしたいという思いがつのり、年齢体力的にも今をおいて行動を起こす時はないと考えました。幸い介護学校に入学して知識を学びましたが、母がなくなるまでは殆ど知識もなく世話をしていたために、人生初めて勉強することばかりで毎日が目からうろこでした。知らないがゆえに母の介護にサラリーマンの考えを持ち込み、母に認知症の症状が出ていることもよく理解せず、母の言うことにいちいち正論を吐き、注意しました。

介護者の会に参加して私よりは知識のある妻の考えを論破するのにまたエネルギーを使い、疲れる日々を過ごす毎日が続きました。そのような日々を長年過ごして、母の介護は終わってしまいました。

その後、通学した介護学校では高齢者の心と体の多方面にわたる勉強をさせてもらい、毎日が、興奮冷めやらぬ気持ちでした。そして、反省を込めて正しい介護をしようと介護施設に就職し現在に至っています。

思わぬ宣告を受ける

長年サラリーマンをしていた私が、代表的な３Ｋの職場である介護を仕事とするようになったのは、これまでの色々な人生の出来事が積み重なり導かれたのだと思います。

母が亡くなった後、日ごろ望郷の念が強くなっていた父は「お前たちに老老介護はさせないから」と言い、郷里に帰りました。私たちや叔父や叔母までも父を引き止め続けていたものの相当に疲れがたまっていた私たちは、父の配慮で夫婦とも介護から解放され、ほっとする日を送ることができました。

翌年、気のゆるみからか体調が悪くなり何度か大病院で検査を受けたところ、お医者さんからがんだと思うので、紹介状を持ってすぐに病院に行くようにと指示されました。その足で、更に大きな病院に行き、検査入院・手術日の調整に入りました。これまでハードワークをこなしながら、比較的元気だったため、本当かなという思いを持ったものです。

その後、詳細な検査を受けて、3か所にがんがあると告知を受けたときは、「さすがにガーン」と強い衝撃を受けました。同じフロアーに入院されておられる方がたは、末期のような方もおられ、物事を深く考えないたちの私も死を覚悟せざるを得ませんでした。その日に重大な告知されるとは思わなかった妻は、午後来院して「そんなことないわよ。大丈夫よ」と能天気に言うのです。私は2人の専門医に言われたのだと言い張りました。

手術まで1か月、身辺整理をしようと会社のこと、家庭のことと思いを巡らせましたが、元来三日坊主の私は、考えることをやめてしまい、まだ人生やることがあると長年実践している塩谷信男先生（105歳で天寿を全うされた医博）の考案された正心調息法（腹式呼吸法）を熱心にやっていました。

手術の結果は、良性腫瘍を一か所取り、他は問題ありませんでしたので、10日弱で退院しました。妻の予言が当たりました。普段はそんな気配も感じないのですが、この時ばかりは妻の予言が当たってよかったと心底思いました。

手術後会社に復帰して間もなく、辻哲夫先生に原稿の件でお会いしました。辻先生は、同年齢ですが、厚生労働省の事務方トップの厚生労働事務次官を退官された方で、同世代のトップランナーの方です。

私が出版社で超高齢社会の本を企画していた時に、県人会で会う誠実な人柄の厚生労働省の年金管理審議官（当時）をされていた高倉信行さんのところに面談に行きました。日本の高齢対策を話せる人はいませんかとの相談に、高倉さんが、辻哲夫先生が一番の適任者ですと説明されました。とにかく会ってください、国民のこと、国のことを思い、国士のような人ですと紹介されました。まさに高倉さんの言う通りの人でした。

団塊の世代同士で、会うと話が盛り上がりました。私が退院後手術の話をしたところ、「九死に一生を得ましたね」とびっくりされました。そこで自分に都合よく考えて、私は何かをするために生かされたのだと思うことにしました。

その後、体調が戻らずに受診すると、お医者さんは、もう殆ど体調は戻っていますよと診断されるのですが、すぐに疲れ、根気がなくなってしまうのです。会社には翌年の春から週1回の出勤にさせてもらいました。

友人の助言でサラリーマンに終止符

夏の頃には体調が戻ってきました。秋の初めに学生時代からの親友藤井勇君と4泊の福島旅行に行きました。藤井君は、52歳で外資系の会社を早期希望退職でやめましたが、ほどなく最愛の奥様を病気で失いました。失意の中から立ち上がり、書道家として書道塾で多くの生徒や大人を教えていました。

彼の車でこれまでの数10年を振り返りながら4日間の気ままな楽しい旅をしました。彼は、九死に一生のような体験をしたのなら、君は会社を辞めて、もう自分の人生を生きろと忠告を何度かしてくれました。ところが藤井君は、その2か月後に末期がんで突然なくなりました。

もう1人、会社時代の友人だった同じ年の畑克己さんとは、若い頃から数家族のグループで付き合う気の置けない仲間でした。子会社の経理担当役員を長年勤め、彼が派遣される子会社は優良会社になるために、信用の厚い人でした。仕事に手を抜かない真面目な人でしたので、体調を崩して定年を待たずに退職しました。

本をよく読みレポートにしては友達に送ってくれる人で、奥様を頼りながら悠々自適の生活を送っていました。畑さんも、私に会社を辞めて自分の道を歩みなさいよと、生前折に触れ助言してくれました。その彼も70歳にして病に倒れ、旅立っていきました。

有難くも会社には引き止めてもらっていたのですが、この2人の遺言になった言葉を受けて、会社を辞めました。

団塊の世代の使命

出版社勤務時代、日本の超高齢化への対策本を企画した時に、辻先生に、立ちはだかる困難な問題の解決に日本の取るべき対策を書いてもらいました。本が出版される年に団塊の世代が丁度65歳を超えつつあったので、団塊の世代へのエールも入れてもらいました。団塊の世代は日本の超高齢社会の中核として、どのような社会貢献をしていけるかに日本の将来はかかっていると書いてあり、私はいたく感激しました。

友人2人の助言、辻先生のエール、私の生い立ちより、年齢的にも体力的にも自信はなかったのですが、辻先生のエールに応え、団塊の世代の1人として介護の仕事に就くことにしました。人生、どうもレールが引かれているような思いを持ちました。

過去の体験に導かれ

介護の仕事につく決断をしたのは、私の生い立ちや人生も関係しているために多少述べてみます。母は私が5歳の時に父と再婚しました。父は公務員で初婚でしたが、私を引き取り長男として育ててくれました。私の最初の父は元海軍軍人でしたが、私が1歳の時に乗っていた船が難破して行方不明になったそうです。

新しい父は、先生になりたかったそうですが、貧乏な家庭を支えるために他の道を選んだそうです。小学校に入ると、父は郷土の誰もが尊敬する西郷さんのマンガを買ってくれました。少し学年が上がると、今度は物語を買ってくれました。西郷さんの人のためには命も惜しまないという場面が好きでぼろぼろになるほど読んだものです。

父が1年間東京の学校に入校した時に、出来て間もない防衛大学校の見学に行ったそうです。その時にもらった学校案内を持ってきて、こんな学校があるよと小学生の私にくれました。日頃は勉強するようになどと厳しいことは言わない父でした。

中学校時代、親戚の兄が少年自衛官から防衛大学校に入った友達に会わせてくれ、話を色々聞き興味を持ちました。その時、同じ道を進もうと思いました。

高校受験では陸上自衛隊の少年工科学校に合格して神奈川県に来ました。防衛大学校にはその当時、少年工科学校から1人か2人しか合格しない状態でした。深く考えもしないで入学しましたが、熟慮するタイプなら辞めていたかもしれません。これでは、合格しないと、4年を終了して任官する直前に退職して予備校に通いました。少年自衛官時代は、普通高校の勉強自体最初の2年間で終了しており、その間も訓練や自衛隊の勉学がありました。後半の2年間は、技術者になるための部隊実習に精を出しました。このような状況でしたので、合格するには至難の業でした。

予備校の寮に入り、一心不乱に勉強に明け暮れました。70キロあった体重が60キロになり、予備校では2回も貧血で倒れましたが、合格にはまだ遠いものでした。

防衛大学校を受験した時点で、不得手科目が出来ずに不合格がわかりました。同じ寮の隣の部屋の仲間も受験しましたが、彼は合格しました。翌年は年齢制限で受験できないこともあり絶望しました。これまでこの道のみと一途にきたので、立ち直れませんでした。

母が私の様子がおかしいと飛んできて、国公立を受けなさいと慰めてくれました。どうにか気を取り直してまた勉強を始めました。その時、元軍人だった寮長さんが、私立も受験しなさいと熱心に進めてくれました。下に年の離れた弟2人もおり、父の公務員の給料では私立に行かせてもらえないことはわかっておりました。それでも、こっそり2校のみ受験しました。国公立は、案の定すべて不合格になりました。こうなったのも自業自得であり、海外へ出稼ぎにでも行くかと思っていましたが、やっと私立の1校だけ合格していました。恐る恐る母に電話をしましたら父に相談するといいました。私立はあり得ないなと思ってあきらめていました。すると、母から、今住んでいる家を売って進学させると父が言っているという連絡をもらいました。崖っぷちで救われました。いつの日か、恩返しをしないといけないと強く思いました。

大学に入学したころは、歩き方がロボットのようだったと親友の藤井勇君が驚いていました。４年間、文化部にも入り本も読み普通の体験をすることで、バランスの取れた人間になったようです。

卒業後大手流通業に入社して、高度成長期を猛烈サラリーマン（皆がそのような時代）として生き、無事定年を迎えました。

30代の頃の思い出として、マザー・テレサがノーベル平和賞を授与され日本に来日されました。マザー・テレサについての本を読み、その生き方に驚きを感じました。西郷さんと同じような無私の生き方に感銘を受けたのです。

定年と同時に、郷里の先輩が創立された歴史のある出版社に入社させてもらいました。私には畑違いではありましたが、創業者の会長・社長が大きな心を持たれ、いつも国や国民のことを念頭に仕事をしてくださいと言われました。８年間お世話になりましたが、自由に仕事をさせてもらいました。

ある官庁の官僚と雑談をしていた時に、日本の将来は老人が大変な数で増加して、日本は衰退していくというのです。色々調べてみると経済団体もそのような報告書を出していました。政府の取り組みやそのことに手を打っている民間の取り組みを国民に広く知ってもらいたいと本の企画を作り、出版に参画しました。

その時に原稿を書いていただいた方が辻哲夫先生でした。また、本の企画のアイデアを助言いただいたのが、今回の鼎談の司会役を引き受けていただいた長崎昇先生でした。長崎先生は顧客満足経営のカリスマで、自分のことより人のために尽くされるタイプの方です。現在も福島県の復興企業数社のコンサルティングに全力を尽くしておられます。

このお2人には多忙な時も全力でご協力いただき、私はどうにか本を書くことが出来ました。

まごころのお返し

このような本作りに参画したこともあり、高齢者の方がたに関心が向きました。

日本の有史以来最も悲惨で310万人ともいわれる尊い人命が失われた太平洋戦争では、父母のそれぞれの兄も戦死しました。父は上京後には、毎年靖国神社に参拝しておりました。現在ご高齢の国民の皆様は、戦争中命の危険にさらされ、戦後は過酷な時代を必死に生き抜いてこられました。幸い長生きされ、人生の最終章でお体を悪くされて介護が必要になられました。

これまで、男性の皆様は、召集され兵隊にとられたり、志願兵や、予科練や、特攻隊で生き残られた方も利用していただきました。女性の利用者の皆様は、挺身隊などでご苦労されたり、もう少し若い方々は、勤労動員や学童疎開などいずれも多くの辛酸を経てこられました。

このような皆様のことを思わずにはおれません。この方々の介護をさせて頂くことにより、高齢者の皆様が毎日少しでも笑顔をお見せいただくことが、少年自衛官時代国民の税金で育てていただいた私にできるささやかな恩返しと考え、介護に従事しました。

私の勤めている施設は、小規模多機能型居宅介護事業所といって、「通い」「泊り」「訪問」のサービスを柔軟に組み合わせ、住み慣れた地域で家庭的な環境の中、その人らしい暮らし方を実現できる施設です。

在宅が基本であり、利用者は近隣の方々で、利用者同士で話も弾んでいます。いつもの顔なじみのスタッフがきめ細やかなサービスを心がけています。その設置理由に興味を持ち入社しました。

具体的には、一人暮らしやご家族と共に暮らしておられる在宅の高齢者の方々が、日中は、通いでデイサービスにおいでになり、必要な場合は、自宅に訪問させて頂いたり、ショートステイといってこちらでお泊り頂くこともできるという多機能のサービスで、高齢者の在宅生活を支えるという新しいタイプの在宅サービスです。

辻先生からは、今後一番注目される在宅サービスであり、仕事は大変だけどやりがいのある重要な仕事に就かれましたねと言われました。

しかし、勤めて2年目までは体がきつくて夜中にトイレに行くのにも苦労しました。また、自転車で利用者様宅に訪問途中、急な坂で自転車から転げ落ち額を強打し救急病院に駆け込んだり、腰も痛めて病院に行っても治らず、会社に行けなくなる寸前まで追い詰められました。同僚が紹介してくれたスポーツ医科学センターでのリハビリ運動で直すことができ、今も介護を続けております。

これまで先輩職員の親切な指導や配慮があったために、けがや病気もクリアーし、どうにか1日も休まずにここまでこれました。

夫婦で母の介護をしていた時は、数々の失敗は重ねるし、肉体的にも精神的にも疲れを引きずっていたように思います。介護学校で知識を学び、介護施設で介護を色々実践してみて、「なあーんだ、こんなことだったのか」と思うことが度々です。知っていれば楽だったなという思いが強くあります。個人的には親の介護を卒業したとはいえ介護に対する姿勢が大きく変化しました。

ベテランの職員のようには、上手な介護やまた十分満足頂く介護の仕方になってないかもしれませんが、これまで体験したことを読者の皆様にお伝えすることにしました。

読者の皆様は介護の専門家に頼る点は頼り、家庭で出来る部分は多少の知識と介護の仕方を知っていただけば、取り越し苦労や不安を持たれずに、体力的にも介護がずいぶん楽になったと感じていただけると思います。

子供の成長を喜び苦労をいとわずに愛情をもって育ててくれた親、協力し合いながら自分たちの生活を築き、長年連れ添ってくれた伴侶が介護を受ける身になれば、おのずと介護や世話をされることでしょう。肉体的に精神的にある程度の苦労はあるものです。そのご苦労を多少なりとも軽減するお手伝いが出来たら本望です。

今、介護に直面しておられる方、これから親の介護を考える方、今は元気だが将来介護を受けることになるかもしれないとお考えの方、夫婦元気だが将来いずれかが介護される立場又は、介護をする立場になるであろう全国の方々に1人でも多くお読みいただき、家庭介護をいとわずに実践してくだされば幸いに存じます。

第1章

老化の理解なくして介護なし

介護する人の準備とは

人は誰も老化します。高齢者、老化を理解することは、自分の将来を学ぶことにもなります。

親や伴侶の方々の介護をされる上で、これだけは理解しておくと助かると思うことを、私自身が経験した親の介護や、その後の介護学校での勉強と介護施設での介護勤務をもとにこの章ではお伝えしていきます。

親の介護を経験した13年間の中で、今考えると間違いも多かったが、うまくいったこともあったと自分なりに採点しています。普通は、介護をして親や伴侶を送り出したら、淋しい反面ほっとして介護の記憶から遠ざかってしまわれる方が殆どではないでしょうか。

私は、これまでの経緯から、介護に直面される多くの方に介護の体験をふるいにかけてお伝えしますので、ご自分が向き合われる介護に役だてていただきたいと願っております。

介護する人の準備として大切なことは、

先ず「介護について知ることです。本や講習会などで基本的な知識を得てください。」

同居、近隣で、または遠隔地から、介護の専門家の支援を受けながら、色々な介護を体験されることでしょう。

介護保険が始まって20年、高齢者の介護についてのいろいろな支援が充実してきました。親や伴侶の方々の心配事は悩むより、かかりつけのお医者さんや市区町村の高齢者担当課に電話や、訪問をして相談をされることが先決です。ビラやパンフレットが用意されています。

また、最初に相談された高齢者担当課より紹介されると思いますが、具体的な相談は、地域包括支援センターで専門家より相談に乗ってもらえて安心できます。地域包括支援センターを知っておられる場合は、直接、地域包括支援センターに相談されることをおすすめします。

世の習わしの通り、知らないと何が起こるのだろうとビクビクひやひやするものですが、知っているとその時が来ても冷静に対処出来るのが強みです。

大地震や台風への備えのようなものです。介護の最中にわからないことをネット検索で調べるのも一案です。来るべき時に備え、また介護されている際に、専門家への相談やこの本を読んで理解しておいていただくのも心強いものと思います。

信頼関係をこれまで以上に深める

家庭で介護を受ける方は、１人か2人ですが、介護をする側は、昨今では、少子高齢化のために伴侶や子供たち孫、きょうだいなど色々な方が関係してきます。中には、１人っ子同士で結婚して、４人の親を次々に介護していかれる方もおられることでしょう。このような家族構成の中で、共通して言えることは、

「介護を受けられる方とこれまで以上に信頼関係を深めていく必要があります。」

昔のように家督を相続した者が親の面倒を見るような家庭は少数派になっています。そのような家庭にあっても、関係者の方は、介護を受ける方や直接介護する方の立場をよく理解して、やさしいねぎらいの言葉をかけてあげてください。

介護は信頼関係の濃密な中で行われます。赤ちゃんが生まれたときに似ていないでしょうか。母親の付き切りの育児や保育所の保母さんのもとで身をゆだね安心して幼児期を送ります。もちろん、父親や、家族の愛情のこもった支援も大いにあります。

介護は育児と違い、大人同士の関係の下で行われますが、要介護度が高くなると車いすや寝たきりの生活になります。介護を受ける方は、介護する方に日常生活を段々頼らざるを得なくなります。介護を受ける方の心は、恥ずかしさや、つらさ、悲しさ、

現実の受け入れがたさなど複雑な心情に揺れ動いています。その心をよく理解して丁寧な介護を心がける必要があります。

私は若い頃、相手の方と信頼関係を深めるために読んだ1冊の本との出会いがありました。

大学に入学する前に、田舎で小さい頃より可愛がって一緒に遊んでくれた従兄弟の6歳年上の兄さんより、入学祝に、創元社発行のデールカーネギー著「人を動かす」をもらいました。私は読んでみて、あまりにも自分が正反対の生き方をしていることにショックを覚え、その後は書かれていることを少しずつ実行に移し、長い間、座右の書にしました。要するに、人を動かしたければ、相手の話に熱心に耳を傾け、良いところをほめて、相手をを好きになり、その人に尽くせば、相手も自分のことを気に入ってくれるようになる。すると自分のことで動いてくれるようになるというように理解しています。

この思いや行動は、損得抜きで何でもしてあげたくなる親友関係のようなものだと思いました。社会の中で、どなたでも経験されていることだと思います。

私は、中学を卒業して以来、実家より遠く離れて生活していました。休暇のたびに帰省はしていましたが、母の介護のため両親との同居は中学卒業以来でした。両親と信頼関係を深めるために、同居するようになって、私どもは生活スタイルを変えました。特に私は、自宅で両親と鹿児島弁で話をするようにしました。

また、食事も妻に頼み、郷里の味噌や醤油を使い、親しみのある味にするようにしました。同居する前は、郷里のお医者さんに、母を飛行機に乗せられるのは今回が最後ですよと言われました。父は血圧が非常に高く、父のほうが危ないと言われる状況でした。母も1、2年生きてくれるだろうかと心配しましたが、同居して半年程で2人とも元気になりました。

休みの日には、両親のことを話し合う時間を30分程度取り、父母と私ども夫婦の4人で病院のことや薬の服薬状態や何か希望がないかなど毎週続けました。

しかし、その後母は少しずつ弱っていきました。母の耳が聞こえなくなってからは3人で続けました。同居を始めて13年後に母が亡くなりました。

その後、父がまもなく郷里に帰るまで話し合いを続け、記録ノートは13冊になりました。この話し合いのおかげで、両親の日常がわかり、誤解や食い違いの生じることが少なくなったように感じます。

同居前の母は、入退院をくりかえし、言動がおかしいとの親族の話から地元の病院で認知症の検査をしましたが、その時は正常と診断されました。同居後も母自身より頭が痛いと訴えがあったり挙動にもおかしいところがあったので、大きな病院でＭＲＩ検査をしてもらいました。その結果、小さな脳梗塞が多数見つかりました。お医者さんよりこれまで、転んだり被害妄想などが出ていたのではと問われましたが、その通りでした。

その時から、母への接し方を変えました。これまで以上に母の話をよく聞くようにしました。また、母も私の言うことはかなりよく聞いてくれました。忙しい中で、父母の世話を良くしていると理解していたのかもしれません。

かかりつけ医の先生にも相談して、季節の変わり目に挙動不審になった際には、適切に処方してもらいました。それまで母に振り回されていた妻や父も納得がいき、私どももずいぶん介護が楽になりました。

笑ってもらえる力を身につける

ちょっと変なテーマになっていますが、笑ってもらえる力を自分で身につけると大きな効果が生まれます。まじめな人や普段笑いの少ない人は、かなりハードルが高いと感じられるかもしれません。どのようにして自分の親や伴侶に笑ってもらえばよいのか、特に真面目な方は見当がつかないなとお考えだと思います。

しかし、今の私は、介護施設で職員に変なおじさんと言われております。実際笑っていただくためにおもしろいことをします。最初は、ぎこちないものでした。

利用者様（介護施設ではデイやショートステイを利用される高齢者の方をそのように呼びます。）に喜び笑っていただくために、一発芸というのでしょうか、簡単な芸をします。ＮＨＫの「チコちゃんに叱られる」のような顔もしたりします。私が午後から出社すると、私の姿を見つけてもう笑っている方が、「今日は何をするの」と期待しておられます。期待に応えて、おかしな芸をします。すると、笑いだされた方につられて、他の利用者様も笑ったり微笑んだりしてくださいます。私は、やったーと内心喜び、更に家で妻を相手に練習をしますが、いつも変なことはやめなさいと注意されています。しかし、利用者の方には受けるのでクセになりました。

これまでは、真面目なほうのサラリーマンとして長年勤めてきました。時々、ジョークを言っても周りは笑ってくれないか、無理やり作り笑いしてもらえる程度でした。

両親と同居している時に気がついて、もっと笑いをふりまけばよかったと後悔をしています。

これまでも、介護施設で高齢者のことを詠んだ川柳を紹介したり、漫談家の綾小路きみまろさんの漫談を聞いていただいたりしましたが、認知症の進まれた利用者様には、ご理解いただけませんでした。しかし、人それぞれで、なかなか厳格で普段お笑いにならない男性の利用者様に綾小路きみまろさんの漫談を聞いていただいたところ、笑い続けておられました。この方は、郷里が綾小路きみまろさんと同じだったために、お元気なころに聞いておられたのだろうと思いました。

介護を受けられる方が、どのような笑いが好きなのかを調べて提供してくだされば、笑ってくださいます。

「笑いを仕掛け、お互い笑いのひと時があれば、介護が深刻にならずに済みます。」

うまい下手などの出来栄えは気にされずに、笑いを誘ってください。

今回、本の作成のために多大な助言や、第４章で司会をお願いした私の友人である長崎昇先生が、昨年、滋賀県の守山市にある社会福祉法人慈恵会ゆいの里（介護施設や地域包括支援センターをいくつも運営）の経営者の方から現場のリーダー職の方までを数回にわたり、管理者研修をされました。

そのゆいの里の話の中で、ボランティアの方が、年間延べ２０００名参加されることや「ゆいの里 百歳体操」を２０１９年度だけでも60名の登録者で１５０３名の方が参加をされているなど飛びぬけた参加者数に興味をもち、パンフレットなど資料を入手してもらいました。

ゆいの里のパンフレットの中のキャッチフレーズに目が留まりました。

「昨日、笑いましたか? 今日笑いましたか? 明日ゆいの里で一緒に笑いませんか。」

35年間にわたり介護施設を運営されている歴史ある社会福祉法人が笑いを最優先にされ実践されていることを知りました。手探りでやってきた私の笑いの実践を認めてもらったようで、感激しました。

また、３年前に興味ある本を購入しました。

「もう３Kとはいわせない　５Kといわれる介護施設の秘密」フジモトゆめグループ代表藤本加代子とエスコート達の著書でした。読んでみて、特別養護老人ホームゆめパラティース（パラティースはフィンランド語で楽園を意味する）を２０１４年に開設しておられました。介護業界にゆめの楽園のような施設があるのだろうかと興奮して見学したくなり、申し込みました。

兵庫在住の会社時代の先輩で、若い頃から家族ぐるみの付き合いをしていた藤掛永利さん夫婦の車で一緒に兵庫県の尼崎市にある施設に行くことにしました。藤掛さんは、仕事をしながら画家を目指し、今は画家で、地元のシルバー人材センターの理事長もされ、奥様は民生委員で2人とも、高齢者問題に積極的に取り組んでいました。

さて、ゆめパラティースに着きましたところ、出迎えてくれたのは藤本代表その人でした。説明をして頂き、2家族で見学しました。特養にもかかわらず、ホテルのような雰囲気で職員の方の挨拶も明るく利用者の皆様がにこにこしておられました。

法人理念に5つの笑顔を定めてありました。5つの笑顔の原点は職員であり、職員が幸せであればお付き合いをする多くの方々から笑顔を引き出すことができると言っておられます。

また、5Kとは、（きれい、かっこいい、給料が高い、健康になる、感謝される）でした。藤本代表は、利用者様も職員も幸福になって欲しいとその上品なお顔に似ず、強い信念を持たれ、思いやりのある日本一のグループを目指しておられました。私の笑顔作戦は、ここからもヒントを戴きました。

志村けんさんが、今年の3月29日に、新型コロナウイルスで亡くなられました。志村さんの真似も少ししていた時でしたので、亡くなられたことを誠に残念に思い、悲しい思いをしました。長年、世の中を笑いで包んでいただきありがとうございましたと感謝の言葉をささげました。

戦中の生きるか死ぬかの時代を生き抜き、戦後の貧しい時代に懸命に働かれ、やっと老後を楽しくと思っておられた皆様が、病気でつらい思いや不自由な思いをされておられます。生活に笑いを差し上げてください。

花をいつも身近に

高齢者の皆様は、花やみどりがお好きです。ご自宅で庭に花を植えていただいたり、マンションやアパートにお住まいの方は、鉢植えの花で十分楽しんでいただけます。

田舎では、両親も庭に花や野菜を植えて楽しんでいました。同居するようになり、庭に花を植えたり、部屋で花を生けたりしました。

母の最後の2年は、脳梗塞から胃ろうになりました。お医者さんより、老人保健施設（老健）を紹介され入所しました。

土日の休みは、母に会いに車に父を乗せ私ども夫婦3人で行きました。その老健は、広い庭に花がいつも咲いていました。母を車いすに乗せて、庭をよく散歩しました。穏やかな日々を過ごせたなと思います。

高齢者の皆様は、人生の最終章を穏やかに過ごしたい、また家族は穏やかに過ごさせてあげたいと、思いは同じです。介護をされる方は、

「介護を受けられる方が、いつも花を身近に感じられるようにしてあげてください。」

勤務する介護施設で利用者の老婦人から

「人は皆花が好きですから、花を見て悪く言う人はいませんよ。」と教えていただきました。いつの日か旅立って行かれる方がたは、天国や極楽で花に囲まれてお住まいになると、現世社会では言われています。今から、花に囲まれて安らかにお過ごしになってほしいものです。

介護施設では、私が花の担当をしています。以前ご利用になっていた利用者の娘さんから、花や観葉植物を沢山寄付していただきました。ベランダは華やかになりました。また、シーズンごとにお好きな花をお聞きして花を植え、利用者の皆様に楽しんでいただいております。普段から花の開花を見守ってくださり、利用者様と職員との間

に花の話題がいつも咲いています。

高齢者の同じ話も出来るだけ聞いてあげてください

よく高齢者の話は、同じことを何度も繰り返すので聞き飽きたといわれる若い世代の方が多数を占められることでしょう。私も同様の体験をしました。両親と同居して、父は本読んだり俳句を作ったりして時間を使っていました。母は耳が遠かったり、体調が思わしくなく趣味に時間をかけることもありませんでした。そのために、話を始めると若い頃の思い出や楽しかった趣味の話を延々と話しました。時間のある時は、どうにか付き合いましたが、用事のある時など、その話はこの前聞いたよと途中で打ち切り、用事をしていました。

自分たちの生活があり、親の介護をしていると、その分時間に縛られてしまいます。この両者のバランスがうまく取れないものかと考える時もありましたが、介護をしていた頃には良い回答は思い浮かびませんでした。

介護施設に勤務してみると、職員が不足がちの業界という事情もありますが、利用者の皆様の日常生活を支え介護をしているために、常に施設の中を動いています。

その中で、食後の休憩時間やお茶の時間に少し話をお聞きする時間が取れます。今まで静かにされていた方が、急に饒舌になられお話をされます。話をお聞きし、あいづちを打っていると、他の利用者の方からトイレの希望などがあります。するとトイレ優先になりますので、あとでまたお聞きしますと話を中断して、トイレ介護を終えた後、話を聞きにまいります。うまくいけば、数分お話をお聞きできるのですが、また他の方に呼ばれ介護をするのが普通です。

そのような時は、短い会話の中で印象深かったことや感心したことなどを1つ心に思い浮かべるのです。

そして、例えば、戦争中食べ物もなくすごくひもじい思いをされたのですね、あるいは、昔の海水浴はそんな恰好をされていたのですか、現代ではそんな水着は考えられませんね。今日は、私の知らない話を聞かせていただき、大変驚きました。ご苦労をされたのですね、と感情をこめて感想を一言お伝えします。

そして、申し訳ありません。今日は時間が無くなりました。次回また、ぜひお話を聞かせて下さいとお願いして終わります。利用者の皆様は、「長話ですまんね」とか「時間がないのに聞いていただいてありがとう」と言ってくださいます。

最後までお話をお聞きすることはめったにありません。同じ話を何回もされる方もおられますが、私は初めて聞く話として、お聞きします。その中で少し質問も入れてさらに詳しくお聞きすることもあります。

「高齢者が同じ話を何度されてもまずはお聞きします。用事があれば途中でよいところをほめたり同意して、続きを次の機会に聞かせてくださいとお伝えします。」

この考え方は、どの世代にも当てはまります。自分の好きな歌は、何度歌っても飽きが来ません。上手な方は、カラオケで人に聞いてもらいほめてもらえば、気分爽快になりまた聞いて欲しいものです。

高齢者の皆様は、長い人生の中で、苦労されたこと、ほめられたこと、思い出深いこと、輝いていた時などの体験が心に深く記憶として残っています。そのことを家族や近親者に話すことで小言や批判を受けずに聞いてもらい、そして、同意してもらったり、ほめてもらいたいものです。

また、高齢の皆様は、戦争も体験され人生で色々な経験を積み重ねてこられ自分の信念をお持ちです。今は、虚弱になり、体が不自由で介護を受けられるようになっていますが、プライドを高くお持ちの方が多いと思います。

プライドを傷つけずに、お話をお聞きするという行為は、その方に寄り添うということではないでしょうか。

読者の方も友人や大切な仕事関係の方からは、丁寧に話を聞かれ、同意されたり、ほめたりして会話をされる方が多いと思います。

どなたにもよくわかりきっていることを長く説明しましたが、その話は聞いたよ、また、同じ話なのかというような言葉は使わないで、どうぞ上手に話を切り上げてください。

親しき中にも礼儀ありと日本では言われています。話は、途中までしか聞いてもらえないかもしれませんが、介護を受けられる方の心は満され、穏やかな関係を築くことにつながっていきます。私の反省を込めてお伝えします。

老化を理解しないでする介護はお互いがきついものです

自分の祖父母や高齢者を近くで見たり聞いたりして、だいたい高齢者のことは分かっていると思いがちですが、介護学校で勉強してみて私などは全く理解していなかったことが多いことに気づきました。

５歳になる前までは、母が市役所やバス会社の経理として勤務しており、私は平日には祖父母に可愛がられて育ちました。そのために、高齢者とはこのような人たちだとの固定観念がありました。52歳の時に田舎より父母を呼び、同居しました。

仕事漬けの毎日を送っていた私は、この固定観念で父母と生活を始めました。私は勤務のため、平日は朝早く夜遅くの毎日で両親とは挨拶ぐらいしか出来ませんでした。体力の衰えと認知症の症状が出ていた母は、平日は、私の親切心の押し付けの被害にあうことはありませんでした。ところが私は休みになると途端に張り切り、親孝行をしなければならない人間に変身しました。

母がつじつまの合わない話をすると、私は部下に話をするように微に入り細に入り説明をするのです。母は理解不能になって、戸惑った顔をしていました。

また、母の体調がよくない休日の食事時に、母が少食になると、このおかずは栄養があり体に良いので食べたほうがいいよと少しでも元気になってほしいとの心遣いでくどく言っていました。妻は、横でおろおろしていました。私は、若い頃の母のように少しでも元気になってほしいとの思いを持つ世の息子達の代表みたいな気分でした。親孝行をしないといけないとの強い思いから、自信をもってボタンを掛け間違うような思いやりを続けてきました。しかし、多少は母も喜んでいたのではと、今は甘い自己採点をしています。

しかし、力任せの親切心を振り回すのではなく、

「高齢者の老化による心や体の変化を知っておくことは介護する際の心の準備につながります」

このことを理解していたら、私も精神的にも肉体的にももっと楽になっていたことと思います。

介護する方が、良かれと思って過剰な親切心での介護はお勧めできません。逆に、介護を受けられる方への介護が体力的にきついと感じられる場合や介護を受けられる方のご不満が多い場合は、介護を面倒に思われ、介護が不十分になりかねません。そのようなことにならないためにも、高齢者のことをこれまで以上に理解していただきたいと思います。

老化について

これからの各小節は、介護福祉士の受験資格の要件としての「実務者研修」テキス

ト6を参考にのべていきます。

両親と同居した時点は、父の定年より20年近くたっており父母の日々の生活の中でこれからの小節で述べるような老化による言動を目にしたものです。

私も同居したころの両親の年齢に近くなり、該当するところが多く、高齢者になるとはこういうことかと妙に感心してしまいます。親の通った道は、私たち子供もそのうちに通る道です。このことを知っておくことは私には手遅れでしたが、これから親のことをと考えておられる方がたには、親御さんにもご自身にも役立っていくものと思います。

これから述べるようなことを知って頂ければ、高齢者のことを理解したうえで、介護を行う助けになると思い紹介します。

老化とは（親の介護の経験も交えて）

老化には、生理的老化と病的老化があります。生理的老化は、加齢に伴う生理的な機能低下であり、すべての人に起こります。一方、病的老化は、高血圧症や糖尿病などによって引き起こされる脳血管障害や心臓病、脳血管性認知症などにより生理的老化の過程が著しく加速されて、病的状態を呈するものをいうそうです。生理的老化は大なり小なり避けられないものですが、高齢期において高血圧症や糖尿病などが進まないように気を付けることは大変重要です。

「高齢者の精神的特徴の理解」

私たちは高齢者の精神的特徴などを学ぶような機会は普段ありませんが、一般的には次のように述べられています。

高齢者は物事の本質を見極める洞察力や総合的な判断、決断に優れた能力を発揮することも多いそうです。一方で、過去の古い記憶は保持されるものの、新しく体験したことを覚える能力である記銘力や想起力は低下していきます。

夫婦共働きが多数を占める現代社会は、定年やその後の雇用延長が切れると、働いていた時の張り詰めていた緊張が解けてほっとする反面、淋しさを感じる場面も多くなるものです。高齢者を取り巻く環境の変化は、やがて人付き合いを減らし孤立感を際立たせることになります。

高齢者の一般的性格、心理的傾向として、自己中心性、嫉妬、保守性、心気性、愚痴なども見られます。

このように、高齢者は日常生活に意欲を失いがちになり将来に対しても夢や希望を持ち難くなります。その結果、欲求不満に陥り、柔軟性、融通性、弾力性に欠け、合理的行動のとれない、また、固執性による不可解な行動などを示すことがあるそうです。

両親を見ていて、母などは病気のせいでその傾向が強く出ました。老人性うつ病の様相を呈し、突然死にたいなどとよく口にしました。食事をしている時など周りを構わずに口走るので、子供たちもいる中、落ち着いてもらうようにあわててなぐさめたりしたことが度々ありました。

その頃は、母は転居したために知り合いもなくそんな気持ちになるのかなと判断して、お医者さんにも相談しませんでした。その時、早く相談しておれば、私も食事の最中に不安になることもなかったのではと懐かしく思い出しています。

「高齢者の性格を理解し、その性格や過去の体験を尊重してあげることが大切になります」

なお、困ったことがあれば、あまり戸惑わずにお医者さんや介護の専門家に相談されることも大切です。

「老化による心の変化とその影響の理解」

長年よく知っているようで意外とわかっていないのが、介護をする親や伴侶の方のことです。同居を長年している場合は、性格も理解しておられるでしょうが、私のように30数年ぶりで親と同居を始めたりしますと、お互い遠慮もあり、理解が進まない面もありました。同居しなくても、近距離や遠距離での介護の方も同様と思います。私など、こうではないかと自分で判断すると、そのまま介護の仕方まで決めてしまうタイプでした。妻からこのほうが喜ばれるのではと意見を言ってくれるのですが、私のほうが親の性格をよく知っているなどと言い、おせっかいな世話や介護をしていたのではと、今にして思います。いまさら妻に聞くのも恥ずかしいので、聞かないことにしています。

その分、いまは介護施設で先輩職員に注意を受けながらより良い介護に生かしています。この小節も知っていただいたらすれ違いが少なくなり、介護を受けられる方がして欲しい介護に近づいていくことと思います。

「性格特性の変化」

高齢期を迎えたときに多く認められる性格特性として、保守性、あきらめ、義理固さ、依存的などがあげられます。75歳以上になると活動性の減退や身体的不自由に関する不安や不満などの訴えが多くなる傾向があります。

「創造性」

高齢期において衰えない面もあります。ミステリー小説の犯人の推理、数学問題を解いたり、一つの問題に対して種々の異なった答えを出したりする能力や芸術分野の独創性は他の年代と差はないと言われています。例えば、作曲家が楽曲をつくるピークは30歳代後半と70歳代前半と言われ、また画家の85%が創造性は老年期が最高の状態になるといわれています。

「知能の生涯発達」

高齢になっても言語の流暢さや数的処理能力は、若い世代より優れているといわれています。しかし、新たなことの学習や新しい環境に順応する流動性知能は、低下します。老年期の一般的知能の低下はそれほど大きくなく、低下が目立つのは80歳以降と言われています。

ここでも個人差は大きいと思います。母については数的処理能力などは落ちませんでしたが、体が弱かったことも作用して、80歳前後からは新しいことには殆ど興味を示さなくなりました。父のほうは、同居して80歳を過ぎてからも成長しているのではないかと思うほど、老人にしては活発に行動していました。俳句の会にも入り、句会や吟行で仲間と旅行にも定期的に行きました。更に本も週に数冊は読み、良い本があると読むように渡してくれました。

両親と妻が夕食を取った後、父はそのまま残り、妻に向かって本やマスコミから得た知識で、30分から1時間程度は、講義をしていました。父は公務員時代、2度にわたり官庁の中の学校の先生もしていたので、流暢に話をしました。妻はその時の後遺症で、私が長話をするといまだに話を短く、結論を先に言ってと指摘をします。嫁として、父の話を長い間1人で聞いていたのだから、長話を聴くのはつらいので短く話をして欲しいとの要望です。ついでに老人のように同じ話を何度もしないようにと注意もされます。ただし、介護施設では利用者の方の話が最優先で、聞き役に徹していますが、このことが大切だと思います。

「身体的な機能低下による心理的影響」

身体機能の低下によって高齢者の活動空間は狭まり、直接的な対人交流や物事への接触機会が低下します。そのため、日常生活において感動し喜びを体験することが乏しくなります。身体機能の低下により事故にあう危険性も増すため、新たな活動に対して不安感を持ち、活動から遠ざかる傾向が強く出てきます。これらにより抑うつ反応が現れ、軽いケガでも大きなショックを受けるようになります。その度に死が近づきつつあることを自覚します。同年代の親しい人の死に直面すると、その不安がさらに増大します。

「感覚機能の衰えによる心理的影響」

聴力が衰えると言葉を介した日常会話に支障をきたすため、猜疑心が生まれ、他人との会話の理解力が低下し、自閉的な状況に追い込まれます。知的能力の低下によって記憶力を必要とする作業から遠ざかるなど、消極的な姿勢に変化し、新しいことへの挑戦をためらい、人との関りを避け、閉じこもるようになります。

両親と同居する前に、休暇で実家に帰省すると、両親が聞くＴＶの音が数年前より大きくてびっくりしたものです。母のほうが聞き取りにくく、補聴器をつけても調整がうまくいかずに外していました。その頃、父が町内会長をしており近所の女性の方々と話しているると、何を話しているのかわからずに猜疑心が生まれ、嫉妬したりしていました。同居を始めてから認知症による影響も出ていたことを後で知りました。

親のことだったと笑ってもおれない現実を、今の私どもが体験しています。私ども夫婦2人暮らしが長いのですが、子供が家に来ますと、ＴＶの音が大きすぎるというのです。子供たちが本人達の適した音量にしますと、私たちには音が小さくて聞きづらいのです。更に孫たちが好きな子供向けの番組を聞いていると何をしゃべっているのか殆ど聞き取れません。この現実を若い方々には理解して欲しいものです。

幸いに私は介護施設で勤務しています。利用者の皆様も耳の遠い方が多いので、近くではっきり大きな声で話します。すると、利用者様も大きな声で返事をしてくださいます。お互い聞こえないと、何ですかと聞き返します。

特に不便を感じませんが、これが自宅では裏目に出ます。私の声が大きすぎると、妻よりよく注意されます。高齢になると、時と場所をわきまえて話をしないといけませんので、気を遣うことが多くなったように思います。

高齢期の身体的な衰えについては、周囲の人が良く理解してあげることが大切だと思います。

「社会環境の変化による心理的影響」

老化に伴う身体機能の低下や健康不安が多くなるなか、社会環境の変化により高齢者はさまざまな喪失体験をします。定年退職や、子育てなど家庭内の役割を終えると、それまで生活の大部分を占めていた価値ある役割を喪失したことにより、大きな虚脱感、無為感がもたらされます。自分の無用感を感じ、行動意欲が減退します。そして人間関係から離脱し孤独感を生じるようになります。その結果、自己中心的になり、意地を張り、頑なな態度を取ることもあります。

また、長年連れ添った配偶者との死別や友人との別れが大きな孤独感をもたらし、否が応でも自分の死を意識するようになり、不安が高まります。

「高齢期になって環境が変化しても孤立しないように、会話の機会を増やし、外に出ていく機会が増えるように、地域交流の場や寄り合いの場への同行や参加を促していくことが大切です。」

高齢者になる事で、社会での役割の減少や濃密な人間関係が希薄になるなど他人には簡単に説明できない様々な要因が重なり淋しく孤独感を感じられるようになっていかれます。この心模様を介護する方が理解しておられるだけでも、介護を受けられる方に思いやりのある優しい心遣いが出来るのではと思います。

会話の機会を増やすことは大切なことですし、淋しさに寄り添うだけでも心が癒されるのではと思います。そして、普段の会話も少なくなっておられますので、介護する側は、出来るだけ聞き役に徹していただくことが、心の安定につながっていくことと思います。

同居して10年以上、比較的元気に過ごしていた父は、母が病院に入院し、その後老健に入所して亡くなる2年前から、母が亡くなった後は郷里に帰ると言い出しました。

両親は、郷里の家や買っていた墓も処分して、同居した経緯から引き止めました。父の叔父や叔母も説得をしましたが、母が亡くなって間もなく、郷里に帰りました。

今にして思うことは、郷里にいたときの人間関係が大変濃かったのだと思います。郷里では、兄弟姉妹、親戚、甥や姪、仕事関係の仲間、趣味の仲間、町内会、近所付き合いなど人の輪が何層にもできた付き合いをしていました。

そういえば、暑中見舞いや年賀状はたくさん出していました。また、この付き合いは、郷里の身近なところで実現していました。私どもと年に数回は、旅行に行きました、親族会を開催したり都会の知人とも付き合ってはいました。

しかし、年を取ってからの都会暮らしは、郷里とのギャップを埋められるものではなかったと感じています。時々、郷里に一緒に帰り、親族に会って回りましたが、大変喜んでいたのを思い出します。

普段も季節の花を見に行ったり、ドライブで名所旧跡などを見に行ったりしたときには、喜んでくれました。

それでもなおかつ父は郷里に戻ったのです。やはり、介護する側は忙しい中でも、高齢者の外との交流の機会を多く作ってあげる事は、大切なことだとつくづくと思いました。

高齢者の身体的特徴（自分の経験も踏まえて）

高齢になるということは、私自身、体の色々な機能が若い時のようにはスムーズに動かずに、行動する際も若い人のようにはてきぱき動きづらいものです。また、体のあちこちに不快感や痛みが生じて、青空を眺めていると鼻歌が出てくるような心も体も爽快で快適な毎日とはいきません。

また、高齢の方がたは、体に良いと言われているウオーキングや運動をしておられる方が多いのが実態でしょう。私も朝の運動のおかげで、まあ普通に行動出来ていますが、1日でも運動を休むとどこかしら体調不良になります。

サラリーマン時代は、毎日働き続けることを習慣にしても体力は十分ありました。高齢になると厄介なもので、誰もが希望する天寿を全うするには、体に楽をさせず毎日運動することが体の栄養剤や潤滑油として不可欠になってきました。私たちは自分の体のことを知り、良い習慣を継続していきたいものです。

高齢者の体の特徴など一般的には、社会に出てから学ぶ機会はなかったのではないでしょうか。私はありませんでした。介護学校での講義は、毎日目からうろこが落ちました。

「高齢者の体の特徴を理解しておけば、介護に入るときも慌てずに行動がとれると思います。」

老化は高齢になって現れるのではなく、極めてゆるやかに変化するため最初は気づきません。

個人差が大きいですが、65歳以上になると、白髪や脊柱の変化により円ぱい姿勢（腰が曲がり、背中が丸くなった姿勢）となるなど、形態上にも明らかな変化が認められます。

また、生理的な機能低下や社会生活の変化による精神活動への影響、生活行動面の変化など、さまざまな変化が現れてきます。

すなわち、老年期は身体的特質に個人史と生活体験、環境要因が複雑に絡み合って、その人特有の老化現象が出現します。ということは、

「同じ老化現象が現れる人は1人もいないということですので、介護する高齢者をよく理解してその方に合った介護をする必要があります。」

高齢者は、さまざまな条件や刺激を受けるとホメオスタシス（恒常性いわゆる生体の内部や外部の環境因子の変化にかかわらず、生体の状態が一定に保たれるという性質）機能に制限が生じ、復元能力の低下を招きます。それによって機能障害が起きたり、疾病にもかかりやすくなります。

さらに、身体的能力の低下が精神面にも影響を及ぼし、やがてはそれらの悪化に伴って、寝たきり状態や認知症状態に陥るケースが多いことも理解しておかなければなりません。

「高齢者の身体的機能の変化」

高齢者の身体的特徴は、筋力・筋肉の弾力性の低下により運動機能や感覚機能に現れやすく、また生理的機能の変化は多くの人に共通に生じ、外見上、身体的機能上の変化として現れます。こうした機能上の変化は、生活上の障害を伴いやすくなります。

高齢者は身体内部の諸臓器にも次のような変化が見られます。脳の重量が減り神経の伝達速度が低下し、肺胞や気道内の弾力繊維の変化により形態的な変化が生じます。細胞数が成人期に比べ減少していくため、多くの臓器には萎縮が見られるようになります。また感覚機能の変化も顕著です。視力低下、難聴のほかにも、触覚・痛覚・温度覚などの生態感覚が鈍くなり、危険の回避や病気発見に遅れが出たり、転倒の危険が増大します。

このように、体が保持している予備能力の減少、防衛反応の低下、免疫機能の低下、回復力の低下が疾病を招く要因になります。すなわち、加齢に伴って現れる生理的機能の減退が、有病率や受療率に大きく関連してくるといえます。

介護福祉士の受験資格の要件としての「実務者研修」テキスト6を引用してこれまで述べてきました。私は、4年半前にこの研修を受けるまで、自分の体が外見もあらゆる身体内部も年齢と共に老化していくなど考えてもみませんでした。

あのとき、家の中で探しものをして柱に足の小指を何度もぶつけたのは注意の欠如だとか、やるぞと掛け声をかけてやってもすぐやめてしまったのは子供の頃の三日坊主の癖が出てきたからだと自分で正しいと思える理屈をつけて納得していました。しかし、いろいろ学んだ結果、老化による現象だと納得することが出来ました。

日常を色々なことに追われて生きる現代人は、私が感じたようにこの小節を読まれて自分の体が大きく変化していくことを理解いただいたのではないでしょうか。

ちょっと固い話になりましたが、40代後半ごろからまずかったなと思うことがあります。会社の同僚や会社関係で付き合いのある方や知人と熱心に話をして絶好調に達した時、突然あれ今何を話していたのかなと話の筋道が消えてしまい、取り繕うのに瞬間的につじつまを合わせた経験が何度もあります。これが憎いことに調子よく話している時に起こるので、聞いている方々もなぜちょっと違う話になったのだろうと戸惑われたことと思います。

皆さん確かに真剣な顔で聞いていただきましたので、その表情を読み少し話がずれたかなと自分では納得していました。相手の方々が礼儀をわきまえた方がたなので、多少違う話になってもぐっと我慢して笑いをこらえておられたのではと文章を書きながら汗がどっと出てきます。

勉強してみて老化の過程の1つだったとわかりましたので、長年の悩みも解消しました。忙しい時期が続いていたために、頭の中であれもこれもと考えすぎが原因と思っていました。私のエピソードで、読者の皆様も中年以降になると自分の体の内部は見えなくても大きく変化していることをあらためて理解をしていただいたことと思います。

「長い間、丈夫で長持ちしてきた体は、クラシックカーのようになりながら、色々

な故障を直してもらい、これからも体の主に使ってもらうために誠実に走り続けていきます。けなげなこの生き方にどなたも自分の体をいとおしく思われ共感してくださることと思います。この気持ちを時々思い出していただき、高齢者の皆様に接するときは優しく思いやりをもって接していただきたいものです。」

……介護職員の独り言

「老化現象への正しい理解」

高齢者を理解するうえでは、「ライフサイクル（生活周期）の過程における人」という連続的な捉え方をする必要があります。高齢者は長年にわたる生活習慣と人生経験を通して自己の価値観をもち、固有の人格が形成されています。ある高齢者は活動的にいきいきと生活しておられるが、ある高齢者は人との交流を避け閉じこもりがちで孤独な日々を過ごす、といったように、老年期は人生の最終段階としての円熟期とも衰退期とも呼ばれ、その両面をあわせもっています。多くの高齢者はこの間で自らの生き方を調整し、自己実現に向けて自己の課題に取り組んでいますが、一方で、精神的に落ち込んでいる高齢者が手助けを必要とされている場合もあります。

加齢に伴ってからだに現れる症状は老化現象であり、病気ではありません。病気の場合には、細胞に質的な変化が起こり、機能の障害や症状が出現します。これに対して、老化とは主として細胞が量的に減少し、その結果、臓器の萎縮や機能の低下が起こることです。老化に伴って細胞の減少はありますが、それはすべての細胞に当てはまるわけではなく、健康な細胞も存在します。したがって、この健康な細胞を十分活用することで、高齢者は健康な生活を送る事ができます。

こういった、老化に伴う身体機能の変化に対する認識を持つことは、高齢者への理解を深め、ひいてはよりよい介護に役立つのです。

老化による身体的変化と日常生活への影響

先にも述べましたが、皮膚のしわやしみ、たるみ、白髪などからだの表面上に現れる老化現象は加齢変化のごく一部です。本節では、老化によるからだの変化と、その変化が日常生活に及ぼす影響について説明します。

「老化による外見の変化」

皮膚が傷つき微生物が侵入しやすくなります。加齢と共に皮膚はコラーゲンの減少で弾力繊維が減少するため、ラップのフイルムのように薄くなり、傷つきやすくなります。少し硬いものに触れたり、こすったりしただけでも皮下出血や皮膚裂傷を起こし、皮膚が傷つくと傷ついた部位から細菌が侵入して炎症を起こします。

また、高齢者の皮膚は皮脂や水分が減少するため角質層が薄くなり、皮脂膜が形成されなくなります。すると乾燥してカサカサし（ドライスキン）、かゆみや炎症が起こりやすくなり、老人性皮膚掻痒症、老人性乾皮症、皮脂欠乏症性皮膚炎などを発症します。

皮膚が乾燥する冬場には、高齢者はかゆみを訴えられます。母も冬になるとかゆみがあり、皮膚科で塗り薬をもらっていました。その頃は、なぜ年を取ると冬にかゆくなるのかあまり理解していませんでした。ところが私もここ数年冬になるとかゆくなるため、ついかいてしまい、皮膚を傷つけたりします。そうだったのかとうなずきながら、冬は風呂上がりに保湿剤を塗っています。

介護を受ける方の日常をよく観察していただき、かゆがられたり皮膚にかき傷があったりしたときには、かかりつけのお医者さんで診察してもらい保湿剤や軟膏等を処方していただき、早めの治療を心がけることが大切です。

「視覚機能の変化」

①光覚

光の明暗を識別する能力を光覚と呼びます。加齢と共に網膜の光受容器の機能低下と、瞳孔の調整能力が低下します。虹彩の老化は、50歳頃から始まり、暗いところで瞳孔が開きにくくなり、「物が見えにくい、文字が読みにくい、色の判別が難しい」状態が顕著になります。夕方になると、段差が不明瞭になるため、つまずきによる転倒事故が起きやすくなります。早めの点灯、フットライトなど環境整備が必要です。

②白内障

水晶体が混濁する老人性白内障は、70歳代から80歳代のほとんどの高齢者に出現します。白内障は徐々に進行し、まぶしさ、かすんだ感じ、すりガラスを通して物を見る感覚が現れ、このような症状が現れてきたら眼科受診をしてください。

白内障は、視力だけでなく生活上の障害を考慮して治療方法を決めます。点眼治療は、白内障の症状を遅らせますが、ある程度進行した場合には、手術により混濁した水晶体を除去した後、眼内レンズを移植します。視力の回復により生活意欲が高まります。紫外線は白内障を進行させるのでＵＶ（紫外線）カット機能を有したサングラス、つばの広い帽子をかぶるようにします。

「聴覚の変化」

音を伝え、増幅する機能の障害（感音性難聴）

加齢に伴う内耳機能の低下により高い音が聞こえにくく、言葉がはっきり聞こえない、どこから声がするかわからないなど、音を聞き取ることが困難になります。似た言葉の子音が聞き取りにくくなります。

聞こえの障害（伝音声難聴）

外耳と中耳の障害（耳垢による外耳道閉塞、慢性中耳炎、外耳道炎など）によって生じるものです。何度も聞き返す、聞き違える、あいまいな返事が多くなります。この場合は補聴器を使用すると回復します。

「聴覚の衰えがある人には、その人の視界に入ってから話しかけます。静かな環境で表情を見ながら、笑顔でゆっくり、はっきり、大きな声で話しかけ、聞き取れているか確認しながら話します。」

「嚥下・消化機能の変化と日常生活への影響」

①嚥下機能の変化

咀嚼（そしゃく）を終え、食塊となった食べ物は、食道を通って、胃に送られます。この一連の過程が嚥下です。嚥下反射は延髄で行われるため、自分の意思でコントロールできません。加齢と共に咽頭や喉頭の反射運動が弱まり咳嗽反射（がいそう反射とは、気管に入った食べ物を、咳をすることにより気管の外に出そうとする反応のことです）も低下するため、食塊が気管に入りやすく、誤嚥してもなかなか吐き出せないことから、誤嚥性肺炎が増加します。

②消化・吸収機能の変化

食べた物の栄養素を吸収出来る形に分解する過程が消化です。水分や栄養素を消化管壁から血管やリンパ管にとりいれることを吸収といいます。加齢とともに噴門が緩み、食後すぐに横になると胃の内容物が食道に逆流することがあります。また、胃酸濃度やたんぱく質分解酵素の分泌が低下するため、消化力が弱くなり食べ物が胃に長時間たまることにより「胃もたれ」が起きます。胃の粘膜も萎縮し薄くなるため、胃液の分泌機能も低下します。

また、老化により腸液の分泌機能も低下するため、小腸の消化吸収力も低下し、さらに大腸の蠕動運動の低下、排便時のいきみに必要な腹筋力の衰えにより便秘傾向になります。便秘予防のためには、過食せず根菜類を摂取し、運動をすることが重要です。

「老化に伴う身体的変化と日常生活への影響」の私なりに知っておいていただきたい項目を列記していますが、もっと広範にあることも理解しておいてください。

「視覚機能の変化」のなかで光覚について、私の場合は、若い人との違いが顕著に出ています。介護施設で夕暮れ時、薄暗い中で記録を読んだり手書きで記録する場合、若い職員は難なく読み書きをしていますが、私は明るいところに移動して読まないと読めません。70歳を過ぎても老眼鏡は不要で裸眼で読み書きするほど若い頃から目は良いのですが、老化には勝てません。

若い方は、意識もしないことですが、高齢者には見えないことは不自由なことです。そのことを口に出して言うことは、恥ずかしかったり、面倒だったりします。介護する方が、事前の知識として理解しておいていただき、そのような兆候を見つけられた場合は、家の中の照明を適切に明るくしてもらえれば、新聞や本が読めたり転倒の危険もなくなり喜んでくださいます。

また、嚥下についても、母もよくむせましたし、私もよくむせますので、遺伝かなと思っていました。しかし実はこのむせることも老化のひとつでした。誤嚥を繰り返すことにより、誤嚥性肺炎になります。誤嚥性肺炎は、高齢者の肺炎による死亡原因の第1位です。

介護施設でも利用者様の中にむせこまれる方がおられますし、私も仕事の合間にペットボトルでお茶を一気に飲む際に、時々むせてせき込みます。すると、他の職員から大丈夫という声が飛んできますので、うっかりむせることも出来ません。口腔体操不足かなと反省をしています。

便秘については、高齢者の方はどなたでもなりますが、介護施設では、特に排便について、詳細に記録を付けます。健康の目安になりますので、毎日お通じがあればほっとします。便秘になれば、お医者さんの処方で、下剤を飲んでもらったり、浣腸をすることになりますので、便秘予防は、毎日意識しておくことのひとつと思います。

第1章のまとめ

◎悩み解消について

「高齢者のことで悩みがあれば、躊躇せずに先ずは、市区町村の高齢者福祉窓口や地域包括支援センターに相談です。」

◎介護する人の準備として大切なこと

「先ず介護について知ることです。本や講習会などで基本的な知識を得て安心してください。」

◎介護には信頼や感謝の言葉を何度でも

「お母さん又はお父さんが大好きです。育ててくれてありがとう。言葉で信頼関係を深めていく必要があります。」

◎笑いを仕掛け、介護を楽に

「笑いを仕掛け、お互い笑いのひと時があれば、介護が深刻にならずに済みます。」

◎いつでも花を

「介護を受けられる方が、いつも花を身近に感じられるようにしてあげてください。あなたにも花を」

◎同じ話も何度も聞いて

「同じ話を何度されてもまずはお聞きします。用事があれば大きくほめて同意して、続きは次の機会に聞かせてね。」

◎老化の中身をよく知る

「高齢者の老化による心や体の変化を知っておくことは介護する際の心の準備とやさしさにつながります」

◎私をもっと知って欲しい

「高齢者の性格を理解し、その性格や過去の体験を尊重したかかわりが大切になります」

◎家から外に出よう

「孤立しないように、会話の機会を増やし、色々な行事で外に出ていく機会を増やしてあげてください。」

◎高齢者は若い人とはこんなに違うもの

「高齢者の体の特徴を理解しておけば、介護に入るときも慌てずに行動がとれると思います。」

◎その老化現象はその人だけのオリジナル

「同じ老化現象が現れる人は１人もいないということです。その方に合った介護を心がけてください。」

◎介護職員の独り言

「これまで長持ちしてくれた体ですが、まだ体の主のために誠実に働き続けます。懸命に生きようとするからだのこの生き方をいとおしく思われ、思いやりのある介護を心掛けてください」

◎聞き取れる話し方

「その人の視界に入ってから笑顔でゆっくり、はっきり、大きな声で話しかけ、聞き取れているか確認します。」

母から娘に引き継がれた花

ご高齢の小林様（仮名）は、車いすに乗られ、来所されました。細面の品の良い方でした。娘さん夫婦と30数年来同居され、デイサービスとショートステイを長く利用されました。車で送迎時に添乗した時は、いつも娘さんのご主人が道路に出迎えておられました。車中では色々季節の話題など話をしました。小林様が何かお答えになろうとされるのですが、お声が小さく聞き取れません。色々お話をされますが、私があいまいな返事をしていると、にこやかに笑いだされます。体調の良い時は、車中ずっと話をされました。そのような時は、相槌だけは良く打ちました。

施設では、職員が話しかけると意外なようなお顔をされて微笑まれるのです。食事もさほど食べられませんでした。それ以上食べたくないときは、口をつぐまれておどけたような表情をされました。職員が小林様の近くを通るときは、ちょっと声を掛けました。するといつものようにおどけた顔をされるのでした。子供の頃の何気ないしぐさが出てこられたのかもしれません。

その後、徐々にベッドでお休みになられる日が多くなりショートステイも増えてきました。食事を食べられる量や回数は減っていきました。

そのような時、ご自宅にお帰りになりました。何度も重態から立ち直られた方でしたので、また、お元気になられると思われたそうです。

これまでも手伝いをされていた妹さんが泊りがけで来られ姉妹で看病をされました。ところが今度ばかりは回復の兆しがなく、旅立ち前の最後の日々をご自宅で過ごして欲しいとのご家族のお考えでした。

それから1週間ほど自宅で姉妹やご主人の手厚いお世話を受けられ、最後に「ありがとう」といつもかけられるお言葉を残し、安らかで静かに旅立たれたそうです。

しばらくして、残った介護用品のご寄付のお話をいただきました。運転して上司と2人でお伺いしました。お母さまの生前のお話をお聞きしました。お部屋は、花やドライフラワーで飾ってありました。小林様は、花に囲まれ過ごしておられたのです。

娘さんのご主人の勤務で他県におられたそうですが、転勤でまた戻ってこられたので、お母さまと同居されたそうです。ご寄付いただいた介護用品を車に積んで帰りました。

その後、娘さんが施設にお越しになり、さらに介護食品をご寄付いただきました。その際、職員への感謝の言葉を沢山いただきました。また、ベランダに花が少ないのを見られ、ご自宅の花や観葉植物をプレゼントしたいとのお申し出もあり、有難くお受けしました。

6月の暑い日に車に積んでこられた多くの花や観葉植物を、持参された鉢や肥料を使い、一緒に植えました。ベランダは、いっぺんで華やかになりました。小林様も花がお好きな方だったそうです。

娘さんは、汗を流しながら「施設さんには本当に感謝しています。母の世話で不眠状態になっていたのを職員の皆さんに助けてもらい、最後は不安ながら自宅で看取ることが出来ました。」とお礼を申されました。お聞きしている私どものほうこそ、そんなに喜んでいただいていたのかと感激しました。

花壇は季節とともに華やいできて、利用されている皆様が毎日いつも話題にされたいそう喜んでくださいます。

戦中戦後の困難な時代を生き抜いてこられ、色々ご苦労を重ねてここまで長生きされた方々です。人生の後半に職員の優しい介護をお受けになり、花とともに穏やかにお過ごしいただきたいと思いました。

施設は、小林様母子の、優しい心遣いにより心安らぐ集いの場に変身しました。この本でお願いしている、在宅を基本にしてデイサービスやショートステイを組み合わせ、介護を長年続けてこられた手本にしたいご家族の思い出でした。

〈第1章参考文献〉

・川崎医療短期大学学長　小池将文・元川崎医療短期大学教授　内田富美江・社会福祉法人みその　みその総合ケアセンター（仮称）開設準備室長　森繁樹監修「実務者研修テキスト6第4版老年期の疾病と認知症・生涯の理解」日本医療企画、２０１９年１－36ページ
・佐藤眞一『認知症の人の心の中はどうなっているのか？』光文社新書２０１９年
・介護福祉士国家試験『合格テキスト２０２０』中央法規出版、２０１９年
・井上淳『時代の変化を生き抜く知恵』時評社、２００９年
・編著者『日本医療企画35年』検証委員会委員長　川渕孝一（東京医科歯科大学大学院教授）委員　須田清（弁護士／須田清法律事務所所長）・松村藤樹（株式会社日本医療企画取締

役）・清水大輔（株式会社日本医療企画ヘルスケア事業本部編集代表）『失敗を重ねて35年医療経営のパイオニア日本医療企画』日本医療企画、２０１６年

第2章

知って安心　家庭介護のコツ

介護が必要になった時、何を行うか、何から始めるか

第1章　介護のための心の準備の「介護する人の準備とは」の中で簡単に紹介していますが、私の住んでいる横浜市の例でもう少し、具体的に紹介します。

家族が介護保険適用の65歳以上（第一号被保険者と言います）になり、病気や老化、認知症での身体面・精神面での心配事が起こった時は、次のように対応をすれば、取り敢えずの心配事から解放されます。また、色々な支援策を紹介してもらい、安心して次に進む力が湧いてきます。

市（横浜市の場合は区）町村には、高齢者の福祉窓口が設置されています。心配事の相談は、先ず、市区町村に電話や訪問をして相談してください。また、専門機関である地域包括支援センターに直接相談されることもお勧めします。

市区町村で相談にのってもらえたり、専門機関である地域包括支援センター（横浜市では地域ケアプラザの中にあります）を紹介してもらえます。そこには、保健師や社会福祉士、主任介護支援専門員（主任ケアマネジャー）が配置されており、専門家より安心できる支援を受けることができます。

地域包括支援センターは、２００５年に介護保険法の改正で創設されており、歴史

もあります。

高齢者のことで悩みがあれば、躊躇せずに先ずは、市区町村の高齢者福祉窓口か地域包括支援センターに相談。

簡単に言えば、高齢者の老化や病気の介護のことで悩みがあれば何でも相談に乗りますよという有難い窓口です。

少し難しくなりますが、設置理由は、地域住民の保険医療の向上および福祉の増進を包括的に支援することを目的とし、包括的支援事業等を一体的に実施する中核的機関として設置されています。

運営の中身は、介護予防のケアマネジメント（利用者の生活課題に各種サービスを利用できるように調整し、課題解決を図ることを目的とする）、総合相談支援、権利擁護、困難事例のケアマネジメント、更に在宅医療・介護連携推進事業、認知症施策推進事業、生活支援体制整備事業を実施しています。難しい中身の説明になりましたが、お困りごとは何でも相談してください、ずっと支援しますよという体制があることを理解いただけたものと思います。

両親と2000年に同居を始めたときに、介護保険が4月より実施されました。初期の頃は、保険も導入期で混乱したそうですが、母は間もなくお医者さんのすすめで、介護保険の利用者になり、私ども家族は大変助かりました。

それからかなりの期間が過ぎ、介護保険の利用者は増加し、利用サービス時間は短くなりましたが、サービス内容は充実してきました。必要な方は、遠慮せずに利用していただきたいものです。

介護保険の対象者は、65歳以上の方（第一号被保険者）で、原因を問わず要介護（支援）認定等を経て介護サービスが利用できます。40歳から64歳までの医療保険加入の方（第二号被保険者）は加齢に伴って生ずる病気（国が指定する特定疾病16種類）が原因で介護が必要になった時に限って、要介護（支援）認定を経て介護保険サービスが受けられます。

次に介護保険制度の仕組みを図表で紹介します。（図表2-1-1）

図表 2-1-1　介護保険制度のしくみ

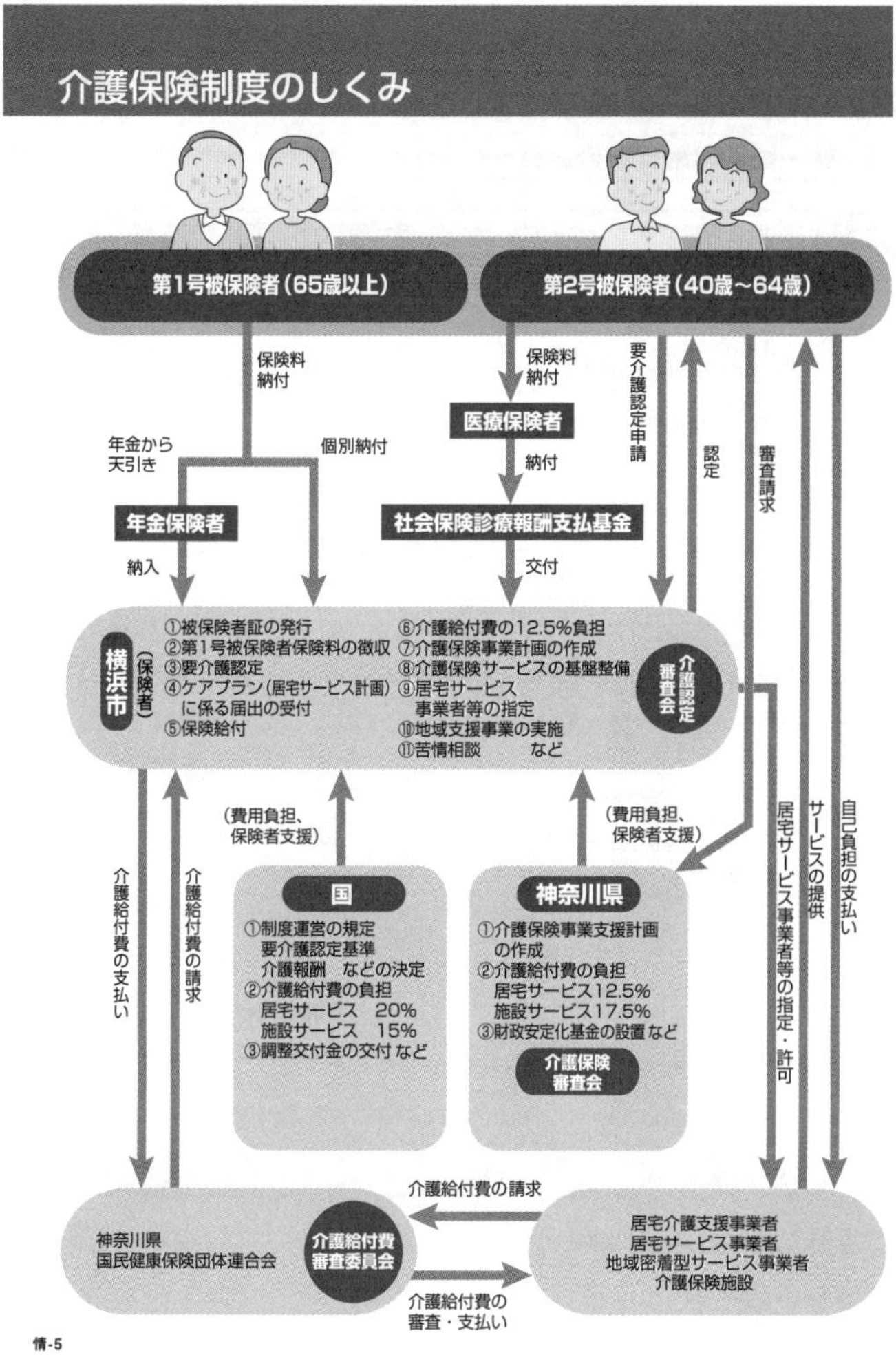

介護保険制度のしくみ図表情報-5　2020 年時点
横浜市北部ハートページ 監修横浜市（図表 2-1-1）

次に、介護保険利用までの流れを図表で紹介します。（図表2-1-2）

図表 2-1-2　サービスの利用手順

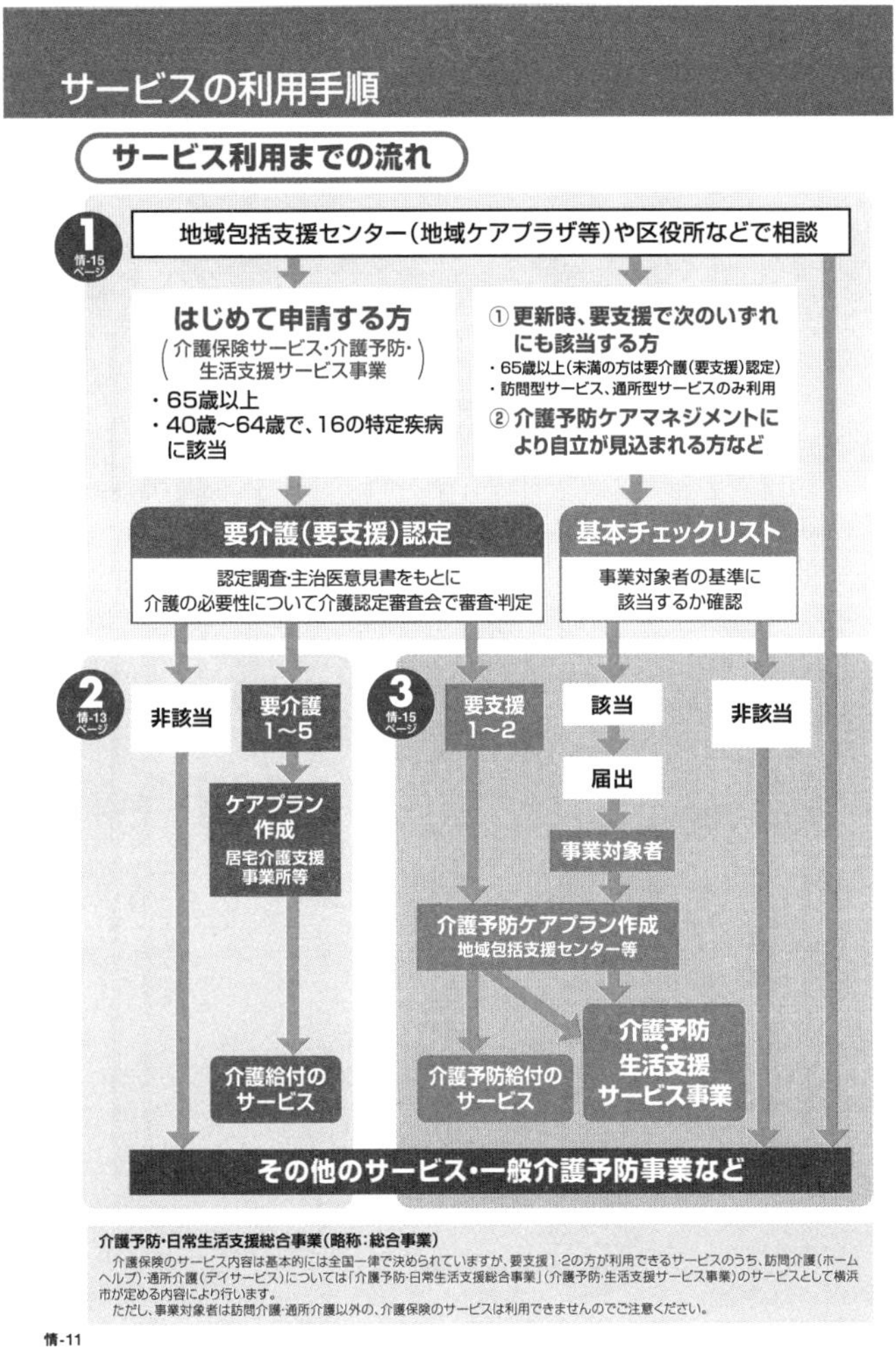

介護保険制度のしくみ図表情報－11　2020 年時点
横浜市北部ハートページ 監修横浜市（図表 2-1-2）

介護技術をおぼえよう

家族の介護をするにあたり、身体面精神面の程度により介護の仕方も変わってきますが、先ずは基本を理解していただくことが楽な介護・安全な介護につながります。

介護を受けられる方の移動や移乗の介護を行うには、運動学や力学をベースにしたボディメカニクス（損傷を引き起こすかもしれない身体的な負荷を排除もしくは最小化するための適切な体の使い方のこと）を習得し、楽なからだの使い方を理解しておく必要があります。

安定した姿勢で介護することは、介護を受ける方、介護する方双方の安全を守り、特に介護をする方が力任せの介護をする必要がなくなり、腰痛や筋肉痛などを回避できます。覚えると介護が非常に楽になります。

ただし、本に書いてあったからすぐに身に着くなどということはありません。練習が必要です。自転車乗りや水泳を覚えたように何度も練習すれば身に付き、必要な時に出てきます。

特に力が必要だと思えるベッドと車いす間での移乗や、トイレでの介護など知らないと力に頼ってしまいがちです。私は母が最後の2年間、特養に入所した際には、月

2回車で迎えに行き、自宅でくつろいでもらいましたが、力まかせの介護で失敗ばかりしました。痛い目にあい、忘れられないのが、母を特養から車で家の玄関前まで運び、車いすを玄関の上の廊下に置き、やっと歩ける母を玄関まで両手で補助しながら、数歩歩いた時、母は、急に力が抜け私にもたれかかってきました。私は支えきれずに、2人とも後ろにひっくり返りました。どたんとものすごい音がして、私の上に母が乗っかりました。荷物を運んでいた妻があわてて飛んできました。母にはケガもありませんでしたが、私は、あちこち打ったり、かすり傷を負いました。大きなケガもせず、幸いでした。

その逆も経験しました。家で休憩した母を老健に連れていく時でした。廊下から玄関に降りてもらう際、母に車いすから立ってもらい、私が支えました。ところが、そのまま私に倒れ掛かってきました。また、一緒にばったんと転倒でした。玄関の角で危うく、私は後頭部をぶつけるところでした。ぶつけていたら救急車に乗っていました。この2回の大事も軽傷で済んだのは、奇跡的でした。

母を痛い目にあわせ、私も痛い目を何度も経験しました。今思うと、口ばかりが達者で、研究心が足りなかったのです。ほんとに何をしていたんだろうと反省しています。

今なら決してそのような失敗はしませんが。

どうしてよいかわからない介護の仕方など介護職員などの専門家に、遠慮せずに何度も聞いて覚えてください。

私は当時介護職員が忙しそうに見えて、遠慮して何も聞きませんでした。自分が職員になってみて実際も忙しいですね。

また、介護とは特殊な技術が必要で素人は出来ないと思いこんでいました。私も今では介護施設での実践により介護が楽です。もちろん施設ですので、１人の介護では利用者の方に危険で力もいるために、２人介助をする場合も多々あります。

お体が不自由でも意識のしっかりされた利用者の方は、普通力が必要と思われるような介護時には、すみませんね、迷惑をかけますねとねぎらいの声をかけてくださいます。私どもは、ありがとうございます。さほど力はいりませんので気になさらないでくださいと返事をいたします。先ほど、お伝えしましたようにさほど力はいらないのです。

このようにお言葉をかけていただく背景には、家庭で家族の皆様が介護で苦労しておられ、介護をしてもらわれるのに気兼ねをしておられるとの実情もあります。

介護の仕方を知ると知らないでは大違いです。知っていたら間違いなく楽になります。介護を苦にしておられる方は心にとめていただき、これから具体的にお伝えする介護の仕方を実践してみてください。

ボディメカニクスの基本原則について

聞きなれない言葉ですが、介護の本にはよく出てくる言葉です。

簡単に言うと、介護の時の上手で楽な体の使い方とでも理解してください。

これからボディメカニクスの基本原則を覚えて、出来るだけ楽に介護をしてください。

ここでは、図表2-1-3から図表2-1-10までの個々の図表の参照と図表2-1-11のまとまった図表を参照してボディメカニクスを覚えてください。

「支持基底面積を広くとる」

身体を支える基礎となる面を支持基底面積と言います。介護者は両足をしっかり開くことで、支持基底面積が広がり、動きに対する安定性が増します。介護の仕方により両足を左右や前後に開き、支持基底面積を広く取ります。

図表 2-1-3

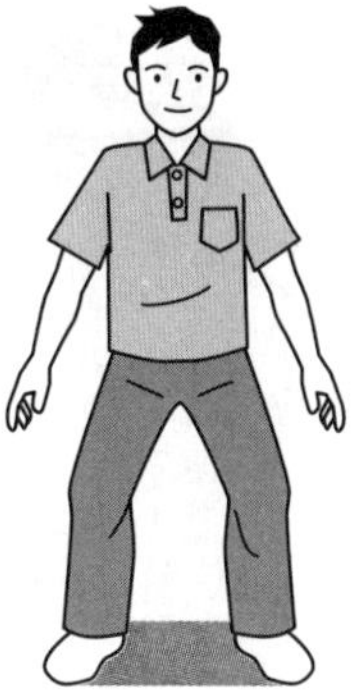

出典：自立に向けたいきいき身体介護　32 ページ　監修柴田範子　元東洋大学ライフデザイン学部准教授　特定非営利活動法人　楽　理事長　日本医療企画、2014 年

図表 2-1-4

出典：自立に向けたいきいき身体介護　33 ページ　監修柴田範子　元東洋大学ライフデザイン学部准教授　特定非営利活動法人　楽　理事長　日本医療企画、2014 年

（図表2-1-3）（図表2-1-11（1））

「重心を低くする」

ひざを曲げて重心を低くし、骨盤を安定させ、腰にかかる負担を軽くします。背筋は延ばしておきます。簡単に言うと、重量挙げ選手の背筋を伸ばした姿勢です。

（図表2-1-4）（図表2-1-11（2））

「介護を受ける方を小さくまとめる」

介護を受ける方の腕を組みひざを立ててベッドなどに接する面を小さくし摩擦面を少なくして動かしやすくします。

図表 2-1-5

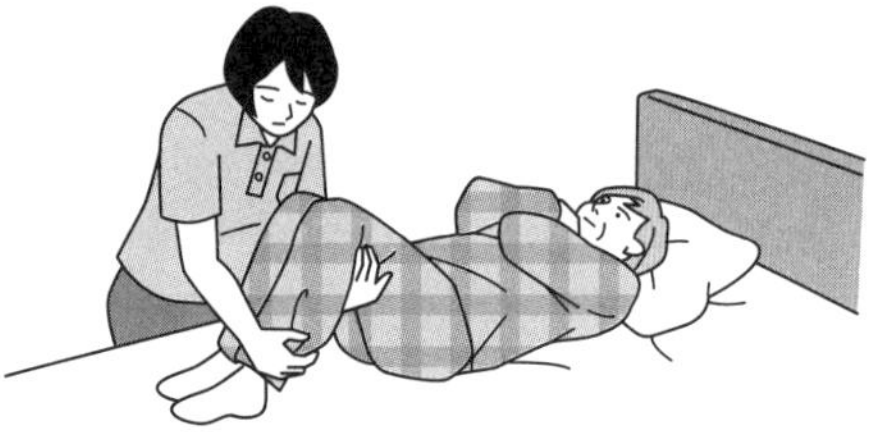

出典：自立に向けたいいきいき身体介護　36 ページ　監修柴田範子　元東洋大学ライフデザイン学部准教授　特定非営利活動法人　楽　理事長　日本医療企画、2014 年

図表 2-1-6

出典：自立に向けたいいきいき身体介護　34 ページ　監修柴田範子　元東洋大学ライフデザイン学部准教授　特定非営利活動法人　楽　理事長　日本医療企画、2014 年

（図表2-1-5）（図表2-1-11（3））

「介護を受ける方に近づく」

荷物を持つときは、身体に密着させたほうが楽で、腕にかかる負担が小さくなり、楽に感じます。介護を行う際も、介護を受ける方に重心を近づけることでより安全に介護をすることができます。

（図表2-1-6）（図表2-1-11（4））

「足先と体を動かす方向に向ける」

足先を動作の方向に向けることで、身体の軸がぶれず、無理のない姿勢をとることができます。身体をねじらず、

図表 2-1-7

出典：自立に向けたいきいき身体介護　33 ページ　監修柴田範子　元東洋大学ライフデザイン学部准教授　特定非営利活動法人　楽　理事長　日本医療企画、2014 年

図表 2-1-8

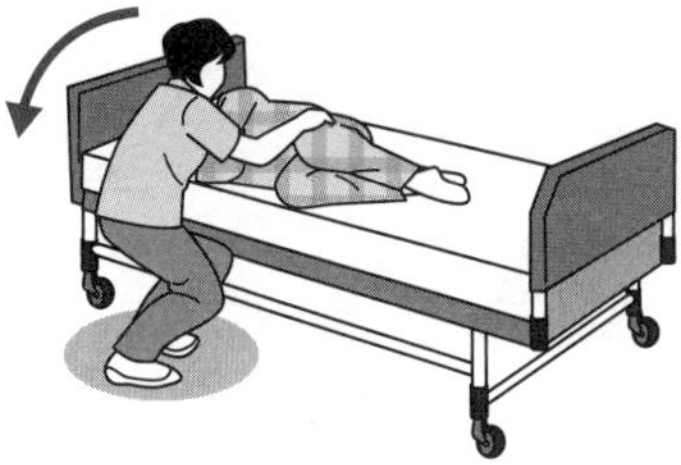

出典：自立に向けたいきいき身体介護　35 ページ　監修柴田範子　元東洋大学ライフデザイン学部准教授　特定非営利活動法人　楽　理事長　日本医療企画、2014 年

腰と肩を平行に保ちます。（図表2-1-7）

「大きな筋群を使う」

介護の際には、全身の筋肉（上腕筋、大腿筋、腹筋、背筋など）を使うようにします。大きな筋群を使うことで、介護者のからだにかかる負担を軽減できます。（図表2-1-8）

「水平に移動する」

介護される方をベッド上で水平に移動する場合、介護者がひざを曲げ水平に移動します。重心の高さが変わらないために、少ない力で動かすことがで

図表 2-1-9

出典：自立に向けたいきいき身体介護　33 ページ　監修柴田範子　元東洋大学ライフデザイン学部准教授　特定非営利活動法人　楽　理事長　日本医療企画、2014 年

図表 2-1-10

出典：自立に向けたいきいき身体介護　34 ページ　監修柴田範子　元東洋大学ライフデザイン学部准教授　特定非営利活動法人　楽　理事長　日本医療企画、2014 年

きます。（図表2-1-9）

「てこの原理を活用する」

ベッド脇に膝を押し付けることで、膝をてこの支点に利用します。また、ひじをベッド上にあて、手前に引き寄せたりすることもてこの原理の応用です。（図表2-1-10）（図表2-1-11（5））

それぞれの図表を見ながら練習をして、介護を受ける方にあったボディメカニクスを利用してください。わからないことは、介護職員などの専門職に聞いてください。

図表 2-1-11

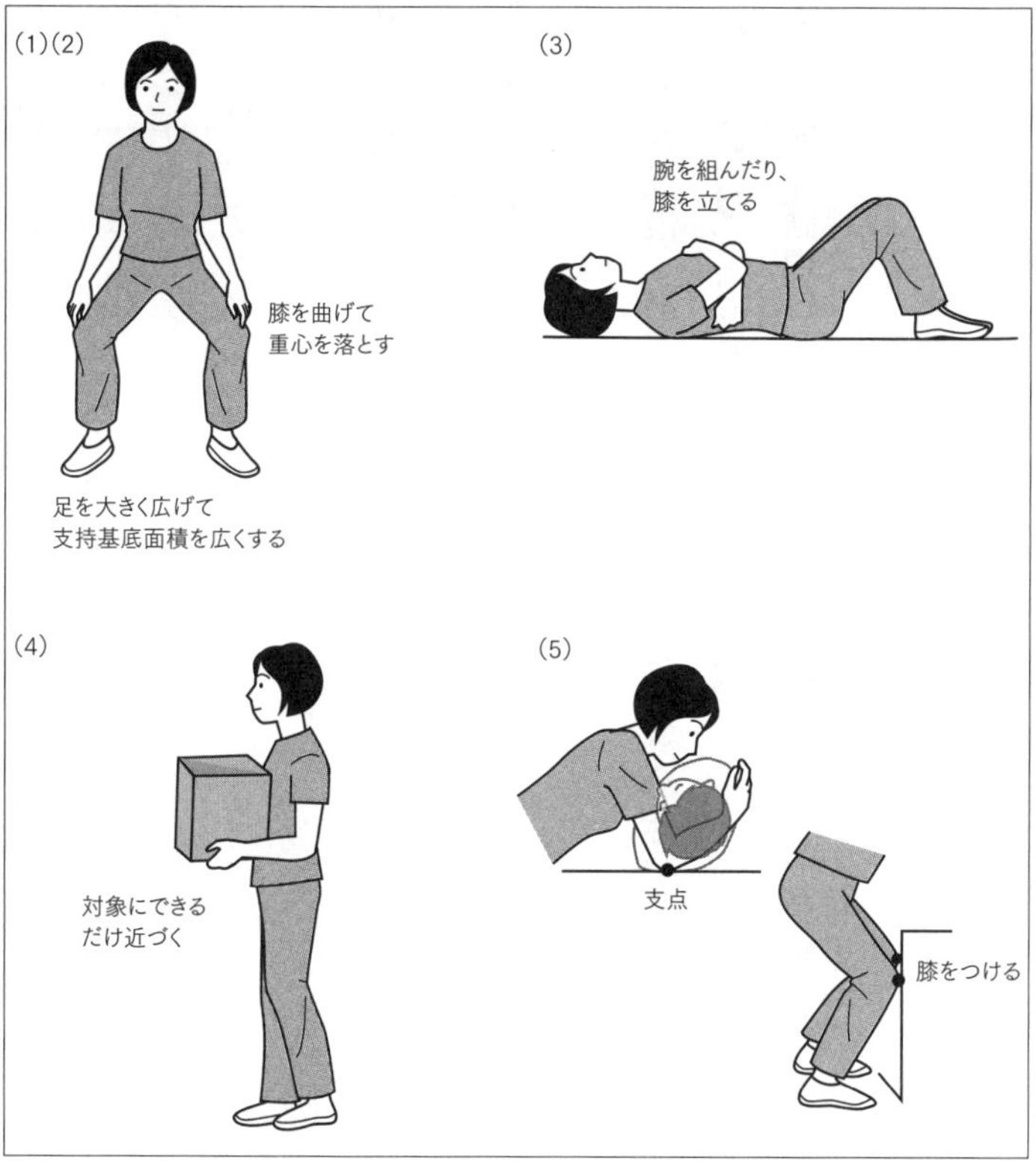
(1)(2)
膝を曲げて
重心を落とす
足を大きく広げて
支持基底面積を広くする
(3)
腕を組んだり、
膝を立てる
(4)
対象にできる
だけ近づく
(5)
支点
膝をつける

ボディメカニクスの基本原則
４実務者研修テキスト生活支援の技術と環境整備 13 ページ　日本医療企画、2019 年

移動・歩行の介護について

ベッド上での移動について、簡単に紹介しておきます。介護を受ける方の介護度により介護の仕方も変わってきます。自分で体を動かすことが困難な状態の方を介護する場合は、ボディメカニクスの応用編になりますので、専門的になります。

ベッド上で体位変換のために水平移動や上方移動、上向きから横向きへ、またベッドの端に座っていただいたり、ベッドの端に座っていただいた状態から立っていただいたり、車いすに移乗していただいたりと身体の状態により適切な介護が必要です。その介護の一部を次に紹介します。

ベッドで仰臥位（あおむけ）に寝ている方を端座位（ベッドの端に座る）にする介助（片麻痺があり、一部介助の場合）（図表2-1-12）

①まず、例えば車いすに移ってもらうのに、ベッドの端に座ってもらうよう説明をします。

②あおむけから片麻痺のある肩を上にして、降りるベッドのほうに横向きに寝ていただきます。

図表 2-1-12

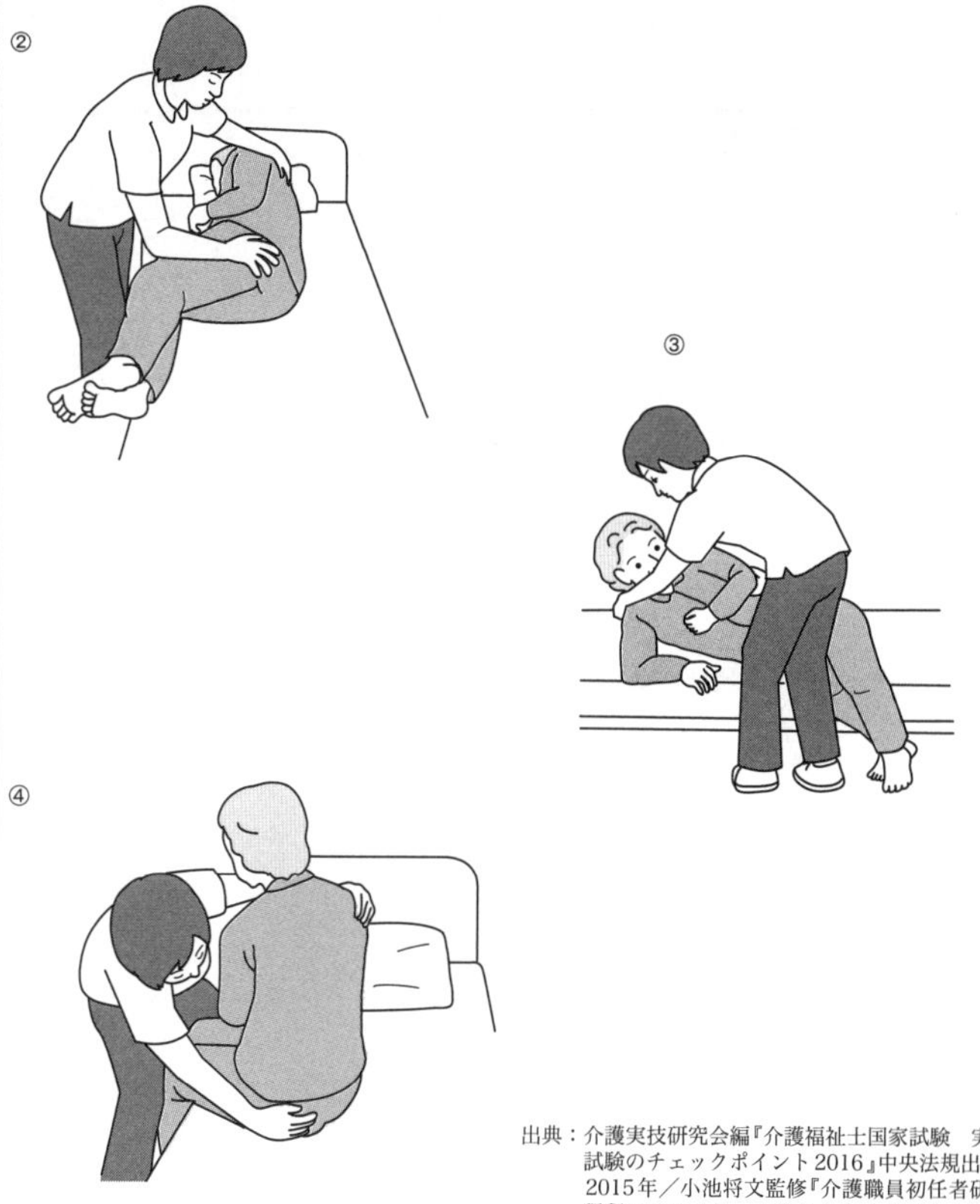

出典：介護実技研究会編『介護福祉士国家試験　実技試験のチェックポイント2016』中央法規出版、2015年／小池将文監修『介護職員初任者研修課程テキスト３　こころとからだのしくみと生活支援技術』日本医療企画、2013年

仰臥位（あおむけ）から端座位（ベッドに座る）
４実務者研修テキスト生活支援の技術と環境整備　54 ページ　日本医療企画、2019 年

③介護者は、麻痺のある肩と腕を支えます。介護を受ける方は、健康なほうの手を使いゆっくりと起き上がってもらいます。

④足底が、床についているか確認をした後、介護を受ける方に、ベッドの端にお尻を移動してもらいます。

困難な場合は、介護者が介助してください。

ここまで移動ができると、立ちあがり歩いてもらったり、立位の姿勢が取れない場合は、介護者が介助して車いすに移乗してらったりします。

ベッドから車いすへの移乗

(片麻痺：一部介助の場合) (図表2-1-13)

①介護を受ける方に、車いすへ移乗することを説明します。

②車いすをベッドに対し0~45度くらいの角度に介護される方の健側に向けて置き、ブレーキをかけ、フットサポートが上がっているかを確認します。これは健側を軸にして車いすに移乗できるようにするためです

③介護を受ける方にベッドに浅く腰を掛けてもらい、靴を履いてもらいます。

図表 2-1-13

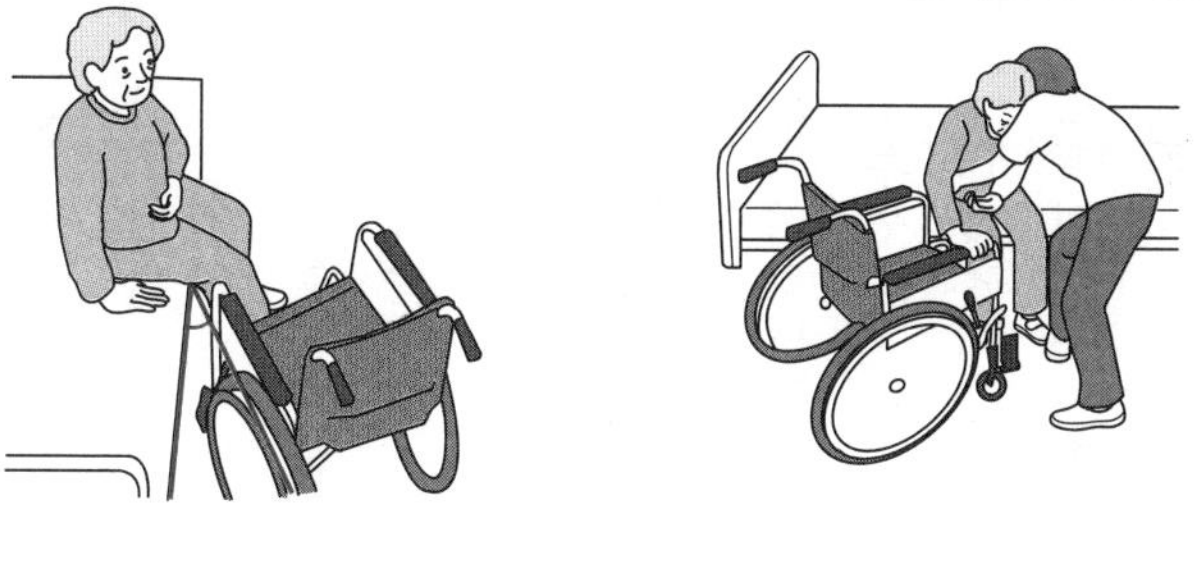

出典：介護実技研究会編『介護福祉士国家試験実技試験のチェックポイント2016』中央法規出版、2015年
介護福祉士養成講座編集委員会編『新・介護福祉士養成講座7生活支援技術Ⅱ第3版』中央法規出版、2014年
一般社団法人千葉県介護福祉士会編『かいご(快互)の教本(改訂版)』一般社団法人千葉県介護福祉士会、2015年
小池将文監修『介護職員初任者研修課程テキスト3こころとからだのしくみと生活支援技術』日本医療企画、2013年

ベッドから車いすへの移乗
4実務者研修テキスト4の生活支援の技術と環境整備　178ページ　日本医療企画、2019年

④介護を受ける方が健手で車いすのアームサポートを持てるようにし、健足は立ち上がりやすい位置に動かすことができるように声をかけます。膝が折れて立位が崩れる危険を防ぐため、介護者の足で介護を受ける方の患側の膝と足先を保護し、介護を受ける方が前傾姿勢を取りながら、立ち上がれるように介助します。

⑤介護を受ける方の膝が伸びて立位が取れたことを確認した後、介護者は膝折れ防止をしながら介護を受ける方が健足を軸にして体を回転させ、ゆっくりと腰を下ろすようにして車いすに座れるようにします。この時、介護を受ける方がバランスを崩して倒れることのないように十分

注意します。

⑥安定した座位にするため、介護を受ける方が健側の手と足を使って臀部を後ろに引くことが出来るように声をかけます。患側は介助し、車いすに深く座れるようにします。

⑦介護を受ける方の足を片方ずつフットサポートにのせます。この場合も自分で出来るところまではしてもらいます。

車いすからベッドへの移乗（片麻痺：一部介助の場合）

（図表2－1－14）

①車いすをベッドに対し0～45度くらいの角度に介護される方の健側に向けて置き、ブレーキをかけます。

②健側は介護を受ける方がフットサポートを上げて足を下ろすように声をかけ、患側は介護者が介助します。

③臀部を手前に移動します。健側は自分で前に出せるよう声をかけ、患側は介助します。

④介護を受ける方は健手をベッドにつき、介護者は介護を受ける方の患側の膝と足先

図表 2-1-14

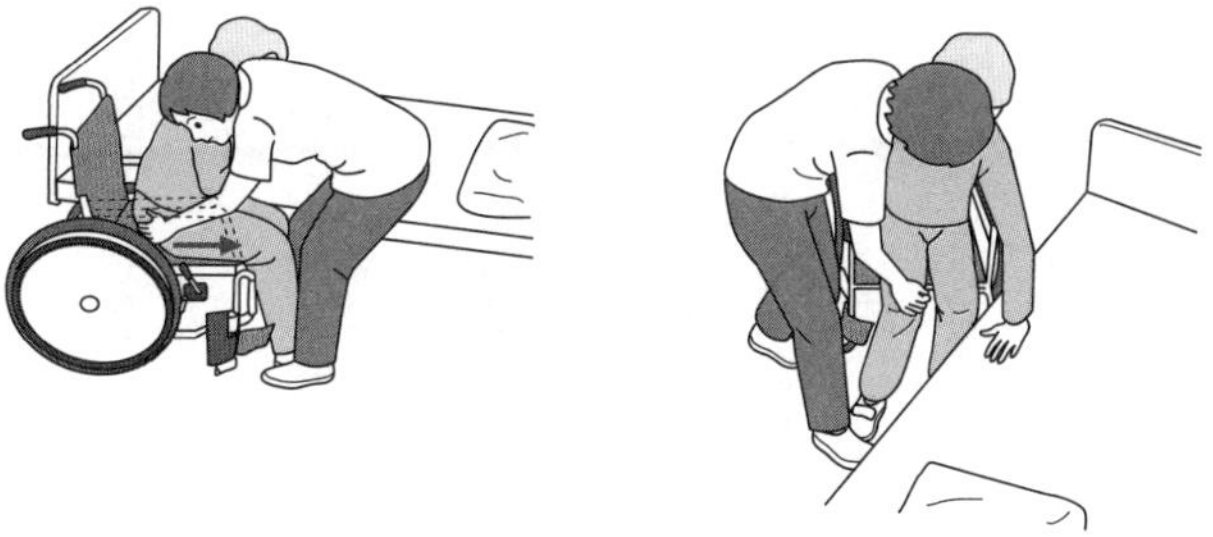

出典：介護実技研究会編『介護福祉士国家試験実技試験のチェックポイント2016』中央法規出版、2015年
介護福祉士養成講座編集委員会編『新・介護福祉士養成講座7生活支援技術Ⅱ第3版』中央法規出版、2014年
一般社団法人千葉県介護福祉士会編『かいご（快互）の教本（改訂版）』一般社団法人千葉県介護福祉士会、2015年
小池将文監修『介護職員初任者研修課程テキスト3こころとからだのしくみと生活支援技術』日本医療企画、2013年

車いすからベッドへの移乗
4実務者研修テキスト4の生活支援の技術と環境整備　180ページ　日本医療企画、2019年

を支えます。介護を受ける方が健側の手と足を使い立ち上がれるようにします。

⑤介護を受ける方の膝が伸びて立位がとれたことを確認し、健足を軸にしてからだをを回転させ、介護者が患側を支えながら介護を受ける方の向きを変え、ゆっくりとベッドに座ってもらいます。

介護を受ける方が全介助の必要がある場合、介助が難しくなりますので、ベッド上での移動、ベッドに座ってもらう場合や車いすへの移乗についても介護職員や介護支援専門員（ケアマネジャー）などに聞いていただき、介護に慣れていただくことが必要です。あるいは、介護職員の定期訪問により、介護を受けていただく必要もあります。

介護施設に入所した後の私の母の場合は、月2回、自宅に戻ってきた際、当初は車いすからベッドへの移乗も介助すると立ってくれましたので、楽でした。しかし、老化が進んできてからは大変でした。

介護される方の体の状態により介護の仕方も変わりますので、介護の専門職より適切な助言と指導を受けて、安心で楽な介護の仕方をマスターしてください。

食事の介助について

（図表2－1－15）

一口に食事と言ってもいろいろな切り口がありますが、母の介護時代は、出したものはちゃんと食べてもらわないと元気がなくなり、更に病弱になり大変なことになると自分の考えを押し付けていました。かなり誇張した表現になりますが、母にとってみれば、TVで毎年4月頃の風物詩として紹介される日光市輪王寺の強飯式（山伏がごはん3升入りの大椀をもって「喰え喰え」と責める開運の儀式）のように感じていたのではと思い、申し訳なかったと反省しています。

介護を担う子供世代になると自分たちの食欲でつい判断を間違いがちです。ここでも強調したいのは、介護を受ける方のことをよく理解してその方に合った食事対応をしていただきたいと思います。

では、高齢者の食事についての大切な部分を紹介していきます。

高齢者にとっての食事は、栄養のバランスを整えることはもちろん、規則正しい生活を心がけ、生活に潤いをもたせ、いつまでも健康でいきいきと暮らせるようにするための大切な営みです。

高齢者になると体の予備能力が低下するために、食欲をなくしたり、何らかの理由で食事をしなくなると、栄養低下ばかりではなく脱水を起こし、急速に体力が衰え、老化が早まって病気にかかりやすくなります。高齢者の人たちにとっては、食事と共に水分を取ることは、生命を維持するうえで非常に重要なことです。水分をとることは食べ物のとおりをよくするためだけのものではなく、脱水予防のためにも重要であり、意識して水分を確保する必要があります。

そもそも食事の介助が必要な人は、食事をとるという一連の行動のなかで老化や病気、障害からくる身体各部の機能低下や、精神的、社会的理由により自分で食事がうまくとれなくなった方々です。

身体的理由としては、老化により視覚や嗅覚、味覚や聴覚が衰えてくると食事の楽しみが少なくなり、食欲が落ちてきます。また、歯が抜けたり、入れ歯が合わなくなったりすると食べる力が十分ではなくなり、柔らかく飲み込みやすいものなど、食べられる物が限られてきます。また、腸の働きも悪くなり、お腹がすかなくなったり、便秘になることもあります。はたで見ていると、なぜ食べないのだろうと心配になるのが家族です。

精神的理由としては、家族や友人との交流の機会が少なくなったり、活動範囲が狭くなってきます。そのために、生きがいをなくしたり、孤独感を抱くなど、精神的な理由で食欲不振に陥ることがあります。また、介護を受けているとの負い目から自尊心を喪失したり、気兼ねから食事や水分を控えることも起きてきます。

社会的理由としては、経済的な不安や扶養されていることへの遠慮から食事量が少なくなることがあります。

このように介護を受ける方の背後にある気持ちを尊重して介護をすることが必要です。

食事の環境を整えることも大切です。ゆったりとした環境で食事ができるように、食事前に排尿、排便、手洗い等はすませておきます。生活にメリハリをつけ、気分を変えるためにも、家族の団らんの輪の中に入ってもらいます。

また、可能な限り食堂で食べてもらうことを心がけてください。介護される方や家族が寝ていたほうが楽だからとか、枕元まで食事を運ぶほうがやさしいと勘違いをしないで、気分転換をしてもらえば食欲に良い影響を与えます。

出来るだけ、家族団らんの輪の中に一緒に入ってもらいたいのですが、それがかなわない場合でも、介護する方のみでも明るく楽しい雰囲気を作ってください。料理の内容や近所の話題やＴＶの話題など興味を持たれそうな話題を出して、笑いもこぼれる食卓にしてください。

但し、呑み込みが悪く、誤嚥されるような恐れがある場合には、食事に集中してもらえるように静かに見守ってください。

最近の私は、介護施設で、食事前に、マスクを外した時の顔を見てくださいねとお伝えし、マスクをパッと取りＮＨＫの人気番組チコちゃんに叱られるの顔をして笑ってもらったりします。

また、季節の花の植木鉢を1つ置いていても花がいくつ咲いたなど話題には事欠きません。介護施設では、利用者の皆様が、つぼみが出来た、今日は花がいくつ咲いた、あの花の名前はなに、など楽しく話題にしてくださいます。聞かれてもすぐ出てこない花の名前など、利用者の方が、「アガパンサス」などとしっかり教えてくださいます。介護施設に勤務するまでは、殆ど花のことを知らなかったために、何度聞いても私も忘れ、つい一緒に笑いだしています。

食べやすい姿勢をとることも必要です。食べる時の姿勢は、食べ物が食道を通りやすく、誤って気管に入らないように、少し前かがみの姿勢にします。安定した姿勢を保つために、椅子に深く腰掛け、かかとが床に着くぐらいの高さに調整します。身体にマヒがある場合や車いす利用の場合などは、ケアマネジャーや訪問介護員などに聞いてください。

食事の介助の方法についてですが、介護する方は、介護を受ける方の利き手側(麻痺がある場合は麻痺側)に座ります。一般には、斜め前方あるいは横に並んで座ります。横に座ったほうが介護はし易いものです。

図表 2-1-15

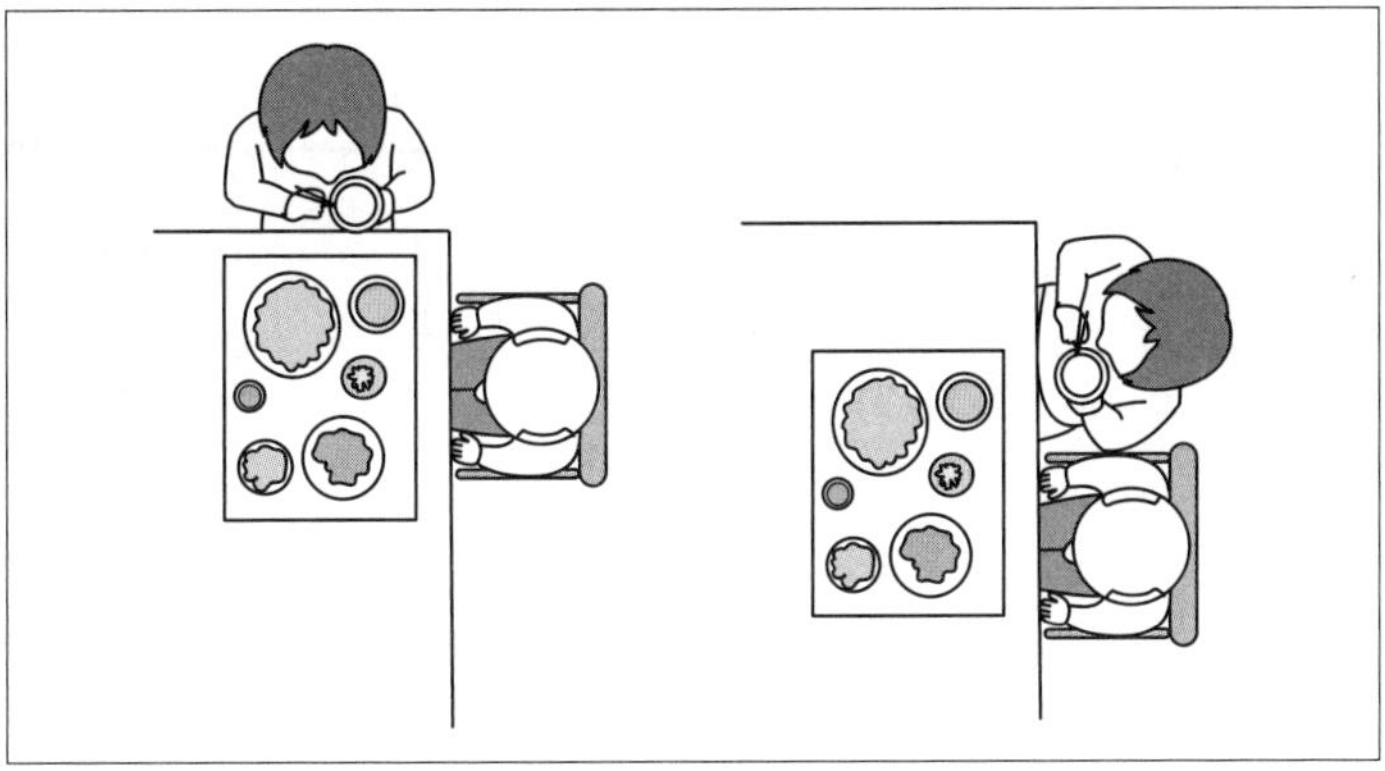

食事介助のポイント①
４実務者研修テキストの生活支援の技術と環境整備　34 ページ　日本医療企画、2019 年

同じ向きからお膳を見るので、介護を受ける方の気持ちを理解しやすくなり、ゆったりとした気分で介助することができます。また、箸やスプーンの運び方も自分が食事をする時と同じように介助することができ、介護を受ける方の食べるペースをつかむことができます。

食べ物は下方から口に運ぶようにします。普段、私たちが食事をとる場合、顔は下を向いたままで、箸も下方から口に持っていっています。

「食事介助のポイント」としては、

・食事内容を見てもらいながら、介助する
・１回に口に運ぶ量の目安はスプーン１杯
・顔を合わせる

・急がない
・水分を一緒にとる
・熱いものはやけどに注意

を理解しておいてください。

飲み込むタイミングをとれない方には、「ゴックン」と声をかけたり、うなずく動作をしてもらったりすると飲み込みやすくなります。

つい時間を気にして、食事を早く終わらせようと、1口の量を多くしたり、時間を急いだりするとかえって呑み込みが悪くなったり、むせたりして、せっかくの食事がおいしくなくなるのは、健康な方と同じです。

また、食事の量について、昼食は全量食べられたが、夕食は半分残された場合などは、お腹がすいていない場合もあり、ご本人の意思を尊重してあげることも大切です。体調不良等で食事量が継続して減少した場合などは、かかりつけのお医者さんの診察を受けていただくことが安心につながります。

排泄・尿失禁の介護について

（図表2-1-16）

介護の中でも介護者が最も大変な思いをされる介護になりますが、実は介護を受ける方も嫌で惨めな思いをされる介護です。いずれにしてもお互いの思いが、しっくりかみ合わずに気持ちが落ち込んでしまうものです。

是非、汚い、いやだという気持ちを捨て、介護を受ける方が落ち込まれないように、マザー・テレサかナイチンゲールのような思いやりで対応をしてあげてください。

私の母の時は、失禁したりトイレを汚したりしたときは全てを妻任せにしたので、自宅での経験はありませんでした。

ある時、母がトイレからなかなか出てこなかったので妻が様子を見に行くと、トイレから水があふれて出ているると妻が叫ぶのです。

見に行くとトイレのドアから水が廊下に流れて水びたしでした。妻にはとにかく母を看てあげてと伝え、バケツやぞうきんを準備してそれからせっせと久しぶりで拭き掃除をしました。終わったのが1時間後でした。父はその間、居間で待機していました。妻は、母を風呂に入れてきれいにし、困った顔をした母を連れてきました。どうもトイレを汚したのかトイレットペーパーを使いすぎてあふれ出たようです。

気持ちが落ち込んだ母は、細かい説明はしませんでした。これからもこんなことがあるのだろうと心配になったのを思い出します。

また、同居を始めてから何年も経った時、母がトイレが間に合わず尿失禁したり、便失禁の状態でトイレに長くいることがありました。

見ざる聞かざる言わざるのことわざ通り、自分では殆ど何もしなかったのに、大騒ぎしたことを鮮明に覚えています。日本人の清潔好きのせいでしょうか。

最近は、子供たちの間でうんこドリルなるものが流行っており孫たちに見せてもらいましたが、なんと汚いネーミングかと最初は全く理解できませんでした。

しかし、今は若い世代の意識の変化に拍手喝さいを送りたいものです。

この小節は、色々な事例で紙面を割いていますが、排泄処理を嫌がらないでしていただきたく書いています。私が介護施設に入社した時に、若い男性職員や女性職員にベッド上の利用者の方の排泄処理をする実際やトイレでの処理を何度も教えてもらいました。特に便を失禁された方などに丁寧にその方を気遣いながら、きれいに清拭をして差し上げるのです。意識のある方は、すみませんね。ごめんね。と声をかけられ、終わると、ありがとうと、言われます。職員は、いいんですよ、気にしないでください。と返事をして何事もなかったように次の仕事にかかります。私は、人を思いやる純真なその姿に何度も心打たれました。給料をもらうとは言え、心の美しい人たちが介護の世界に職を得ているのだと思いました。

それから、私はこの4年間、率先して利用者の方の排泄処理をしてきました。せめて、私より若い職員へ高齢者の1人としてのお礼と思い介護をしています。介護職員は、排泄処理に始まり、排泄処理で終わるといえるほど、勤務中は丁寧にそして手際よく時間を割きます。もちろん食事や入浴介助などの多くの介護にも時間は割きますが。

このような介護職員の実情を理解いただき、ご家族の介護をしてくだされば、この本を書いた意味が出てきます。

では、テーマについて具体的に進めていきます。

人は排泄行為だけは最後まで出来るだけ他人の世話にならず、他人の目に触れないように、自分で行いたいという思いをもっています。排泄はイメージの悪さが先に出ますが、排泄された排泄物は、介護を受ける方の健康状態を把握するうえでとても重要な意味を持っています。

介護をする場合には、できるだけ介護を受ける方の気持ちに寄り添い、その方ができるように介助をしてあげること、できるだけ自分で排泄していたときと同じように排泄がおこなえるように介助をしてあげたいものです。

介護を受ける方にとって、排泄の介護が必要になると、精神的な苦痛や肉体的な苦痛から解放されたいという思いから、意識的に水分の摂取をひかえたり、食事の量をひかえたり、日常のなかでも精神的に不安定になってきます。また、外出やほかの人と一緒に何かしてみようという意識も減退してきます。そのために、排泄はできるだけ自立できるように援助し、介護が必要になっても自分で出来ることを支援出来るような介護を心がけてください。

自立した排泄へ向けての援助として

・排泄のパターンを把握する

早めにトイレに行くように声かけして失禁を防ぎます。

・プライバシーの尊重

図表 2-1-16

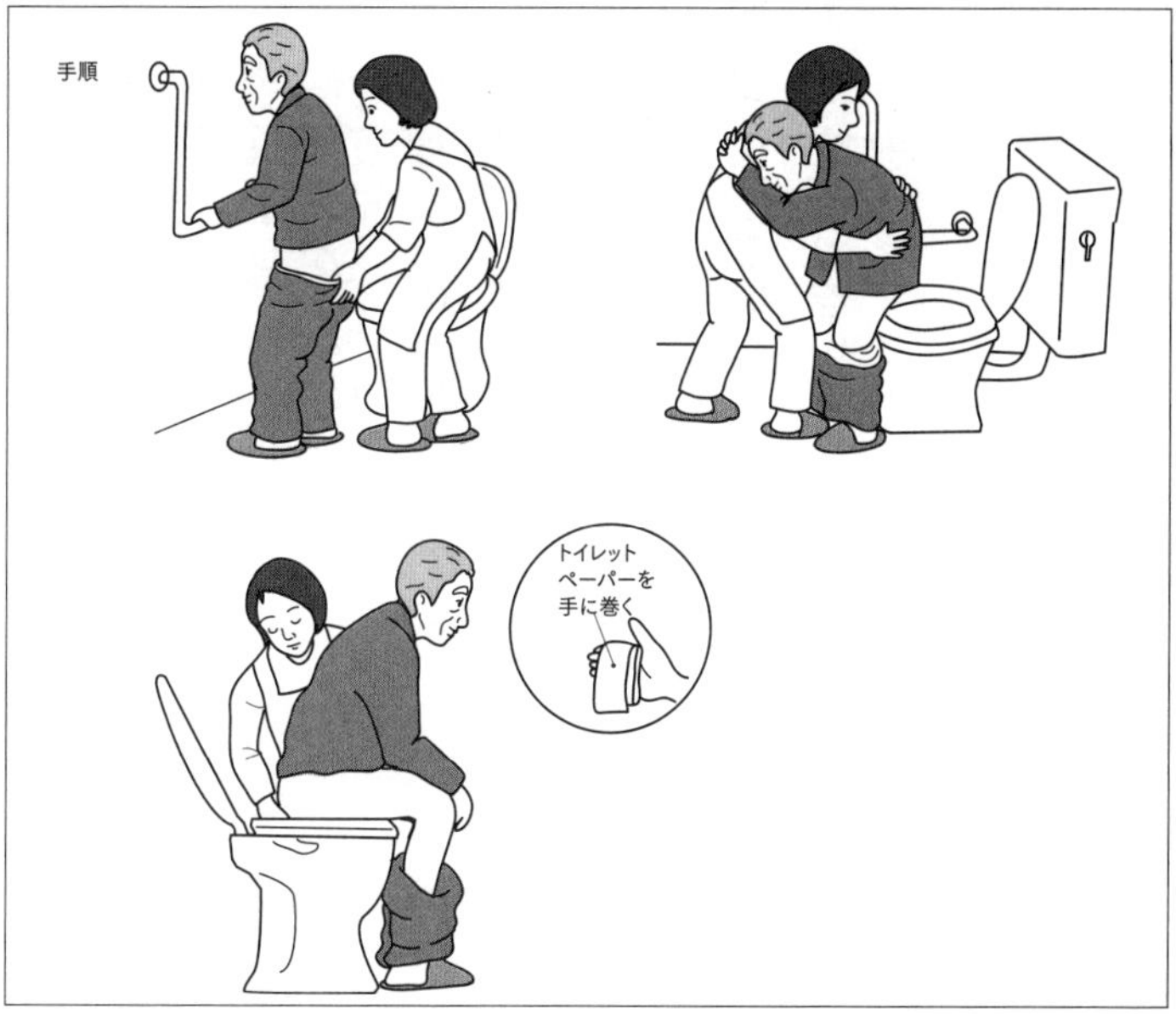

トイレでの介助
4実務者研修テキストの生活　支援の技術と環境整備　135ページ　日本医療企画、2019年

排泄中は外で待機し、声がかかればすぐに対応できるようにしてください。

・排泄介護時の言動

介護を受ける方の心理を理解し、威圧感や負担感を与えないように言動に注意をして下さい。

・介護しやすい衣服の工夫

排泄の自立のためには着脱しやすい衣服を選んでください。着脱に時間がかかるために失禁をしたり、トイレでの排泄に間に合わなかったりすることがあります。

・清潔を保つ

排泄後は、便や尿をよくふき取り、陰部を清潔にします。ご本人がふき取った後がきれいに拭き取れているかも状況次第で確認してください。ご本人が自分で拭き取っていない場合も、清潔を保つため、気分を爽快にするためにも、排泄後手を洗ってもらったり、おしぼりで拭いてもらいます。また、介護者もよく手を洗ってください。

次に、便器での排泄の介助、尿器での排泄の介助、おむつ交換、尿失禁などについての介護は、それなりの技術も必要ですので、ケアマネジャーや介護職員によく聞いて介護の仕方を覚えてください。

入浴の介護について

入浴は、疲れをいやし入浴後はそう快感を持たれ喜ばれる方が殆どです。反面入浴は体力を消耗するため疲労の原因になります。また、多量のお湯やせっけんを使用するため転倒などの事故を起こす危険もあります。

両親と同居を始めて数年は、2人とも清潔好きだったので毎日のように風呂に入っていました。そのうち、母の老化が進み、疲れるので風呂には毎日入りたくないと言い始めました。私は、1日特に何もするわけではない母に、夕方から昼間の入浴に変えてみてはと提案しました。いやいや入っておりましたが、やはり、きついと言っておりました。そのうち入浴は、1日おきになり、2日おきになっていきました。これは、老化による自然の流れです。

私は、勤務から帰宅後、風呂に入り、1日の疲れをいやし、風呂は有難いものだと思っていましたので、母のきつい疲れも入浴で解消されるだろうと思いこんでいました。ところが高齢者は、疲労が解消されるどころか、入浴で体力を消耗してかえってへとへとになり疲労が増すなど、若い人との大きな違いだということを、母が亡くなってから知りました。

若い人は、疲労してても寝てしまえばまた元気になります。それはたんぱく質の摂取量も多く、また体内の疲労回復物質を作る力が高齢者に比較して圧倒的に多いためでしょう。

私は、介護施設に勤務して2年間、どうしても体力仕事が多いため、帰宅後、風呂に入ってても寝てもへとへとでした。へとへとと解消の栄養剤を飲み、毎日、1時間半の運動を続けるようになり、やっと元気に楽しく勤務についています。

高齢者と若い方々とのこの大きなギャップを介護される方がたは、どうぞ理解してください。

介護施設でも最初入浴を嫌がられる方がおられます。もちろん体調を考慮してお勧めするのです。ご家族も家庭での入浴は困難なので、お願いをされます。入浴を説得して入浴してもらいますと、終わって水やお茶を飲みながら気持ち良かったと喜ばれます。体調の悪い方は、入浴を中止します。

では、これから介護の必要な家庭浴について大まかにお伝えします。基本知識として、高齢者や心疾患、高血圧のある方は、温熱刺激の少ない38〜41度くらいのぬるめのお湯が適しています。また、39度くらいのお湯で下半身浴をすると、リラックスでき体全体が温まります。お湯の量は、浴槽に入ったとき、胸から下になるように、お湯の量を調節してください。

入浴時の介助の留意点としては、かけ湯を行うときは、心臓から遠い部分（足先や手先）からお湯をかけます。

かけ湯は、先ず介護者がお湯の温度を確認した後、介護を受ける方に温度を確認してもらいながら徐々に全身にお湯をかけます。排泄物等で汚れておられることの多い

お尻回りは、ていねいに洗い流します。（介護を受けられる方が自分で出来る場合は、ご自分で洗ってもらってください）

浴槽にはいるときは、石鹸を十分に洗い流し、すべらないように注意しながら、障害の度合いにより介助をして浴槽に入ってもらいます。浴槽にはいったら、体のバランスを崩さないように、からだが安定しているか注意してください。手すりがあれば、つかんでいただくのもよいでしょう。湯につかる時間は、5分程度にしてください。また、1人で、浴槽につかっていただくのが気になるような方なら、介護者は、浴室のドアを少し開けて脱衣場から様子を見ていただくのが安心です。

身体が温まったら浴槽から出て体を洗いますが、介護が必要な場合、洗う順番や洗い方などは、介護を受ける方の生活習慣を尊重してください。健康状態に応じて、シャワーチェアを使用してください。

洗い方の一般的な順番は、①頭部②顔、頸部③上肢④胸部⑤背中⑥下肢⑦陰部、臀部の順になります。

症状や老化の度合いにより、シャワー浴、清拭などもありますが、不明な点は、ケアマネジャーや介護職員に聞いてください。

ご家族での入浴介護が難しい場合は、デイサービスやショートステイ、訪問介護や訪問入浴介護等を利用してください。

衣服着脱の介護について

衣服については、母が脳梗塞になり緊急入院するまでは、自分で着用していました。亡くなる前の2年半は病院と老健で過ごしたために介護職員に衣服はお願いしましたので、特に苦労はありませんでした。

介護施設では、様々な病状の方がおられますので、衣服の着脱についてはいろいろ学びました。

衣服の効用として、衣服の選択は、自分の好みや生活習慣、価値観を反映し、自分らしさを表現します。日常生活において介護を受けられる方が自分の好みの衣服を着ることで、精神的な満足感が得られるため、生き生きとした生活が送れるようになります。

高齢者が衣服を選ぶときの配慮として、

①からだに合ったサイズで、体の動きを妨げないデザインや伸縮性のある素材の衣服を選びます。

②肌に刺激の少ない布地を選びます。

③靴は脱いだり履いたりしやすく、滑りにくいものを選びます。

衣服の着替えについて健康な方は、ものの数分もかけずに着替えてしまわれます。朝の出勤にも準備してある外出着を手早く着て、急いで出勤をされることと思います。あらたまった場や遊びに行かれるときは何を着ようかと、楽しみながら自分のセンスに合った服選びを時間をかけてされることでしょう。

介護を受けられる方も1日の流れの中では、朝起きてパジャマより部屋着に着替え、風呂に入った時には着脱をして、寝る前にはパジャマに着替えて休んでいただくことになります。毎日のことであり、体の不自由な方は、時間がかかります。介護者も衣服の着脱に時間をとられることになります。そのために着脱のコツを理解され、慣れていただくと、時間をさほど気にされなくなると思います。

次に、衣服着脱の基本的な手順としては、介護を受ける方が、座ったり立ったり出来る場合についてお伝えします。

衣服の着脱には、脱健着患（だっけんちゃっかん）という原則があります。これは、片麻痺（へんまひ）がある場合、脱ぐときは健側（けんそく　健康な側）から脱ぎ、着るときは患側（かんそく　麻痺側）から着るという原則です。脱ぐときは、衣服にゆとりがないため、動きに制限のない健側からのほうが脱ぎやすく、着るときは衣服にゆとりがあるため動きに制限のある患側から着ても着やすいためです。

これから、具体的な手順を図表も見ながら理解をしてください。

前開きの上着の着脱（片麻痺の場合）

（図表2-1-17）

①ボタンをはずし患側の肩を下げる。ボタンをはずすとき介護を受ける方が出来ないようであれば、声をかけて介護者が介助する

②健側の肩を引きながら、健側の袖を脱ぐ。ひじを抜くことが難しい場合は、声をかけて介助する

③健側の上肢で患側のえりから肩にかけて持ち、患側の袖を脱ぐ

④健側の上肢で新しい衣服のそでを持ち、患側の上肢に袖を通す。難しいようであれば、介護者が衣服の袖をたくし上げ介助する

⑤健側の上肢でえりを持って肩まで引き上げる

⑥健側の衣服を背部からまわし、健側の袖を通す。この時、介護者は介護を受ける方が袖

図表 2-1-17

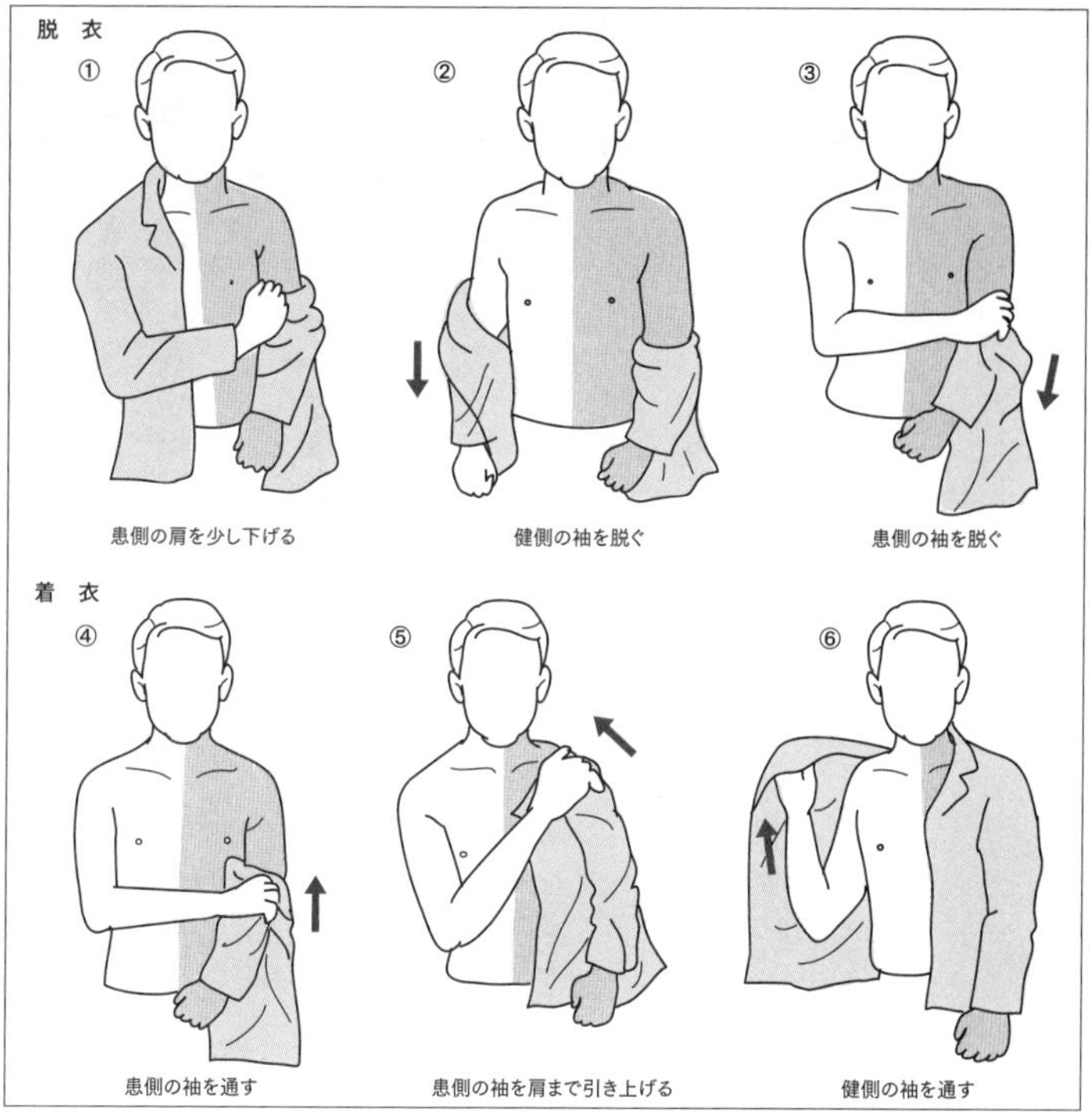

前開きの上着の着脱（片麻痺の場合）
4実務者研修テキストの生活支援の技術と環境整備の 269 ページ　日本医療企画、2019 年

を通しにくいようであれば、袖をたくし上げ健側の上肢を通しやすいように介助する
⑦ボタンをとめる
⑧介護者は、衣服の肩や脇、背中の中央と介護を受ける方の体が合っているかを確認し、しわをのばす

かぶりの上着の着脱（片麻痺の場合）（図表2－1－18）

介護者は、介護を受ける方の患側に立ち介護します。

①健側の手で上着を胸までたくし上げる
②健側の上肢で上着を持ち、上着から頭を抜く。頭が抜きにくければ介護者は、上着の首まわりを広げながら介助する。
③健側の脇の下からひじを抜く。ひじが抜きにくい場合、声をかけ介助する。ひじが抜けたら袖口を引き健側の袖を脱ぐ。④次に健側の上肢で上着を持ち患側の袖を脱ぐ
⑤新しい上着を患側の袖から通す
⑥首まわりを引っ張るように頭を入れる。頭が入りにくければ介護者は、介護を受ける方と一緒に襟ぐりを伸ばし介助する
⑦健側の袖を通す。このとき介護者は、介護を受ける方が袖を通しにくいようであれ

図表 2-1-18

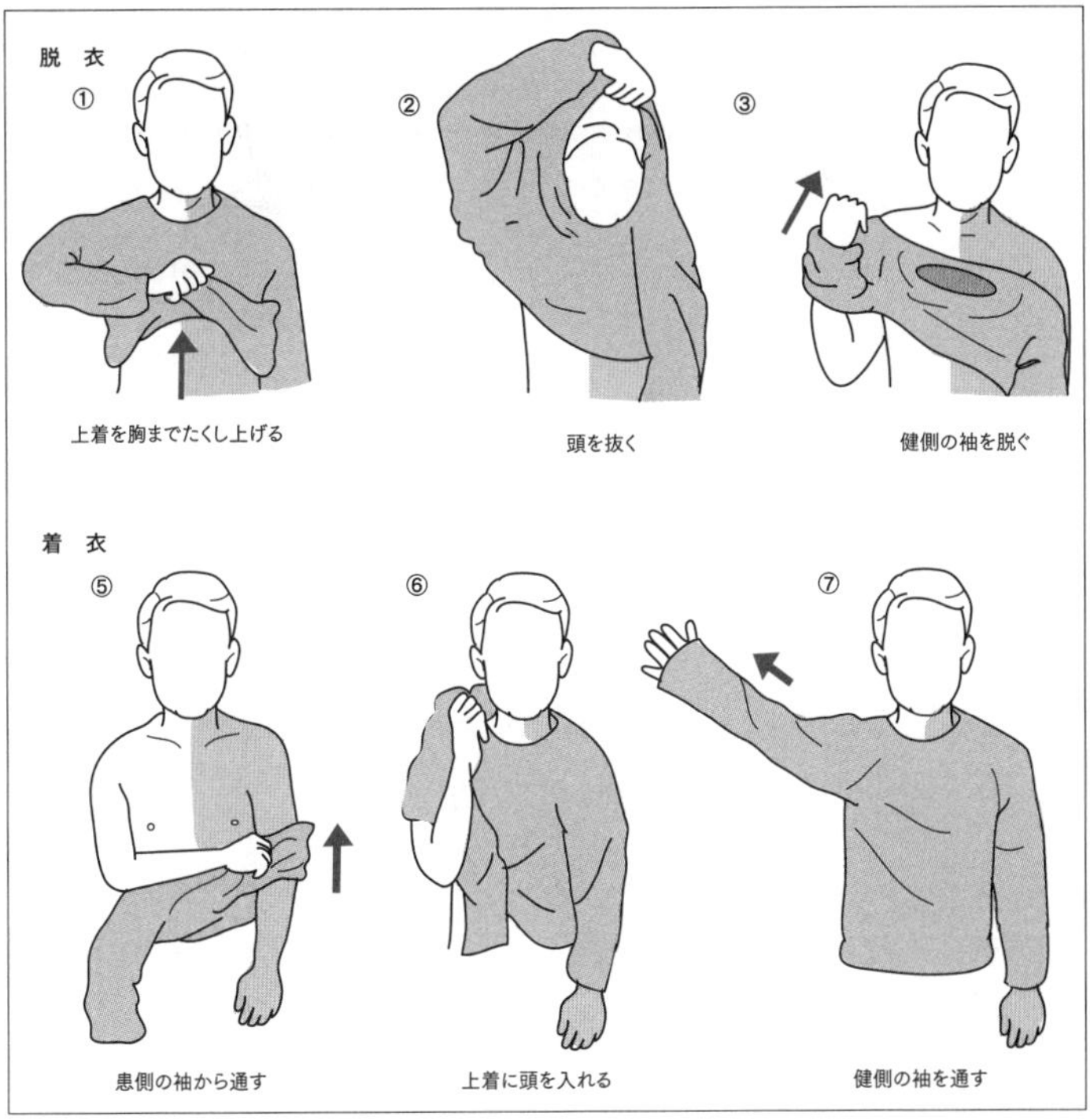
脱　衣
①
上着を胸までたくし上げる
②
頭を抜く
③
健側の袖を脱ぐ
着　衣
⑤
患側の袖から通す
⑥
上着に頭を入れる
⑦
健側の袖を通す

かぶりの上着の着脱（片麻痺）
4 実務者研修テキスト生活支援の技術と環境整備　270 ページ　日本医療企画、2019 年

図表 2-1-19

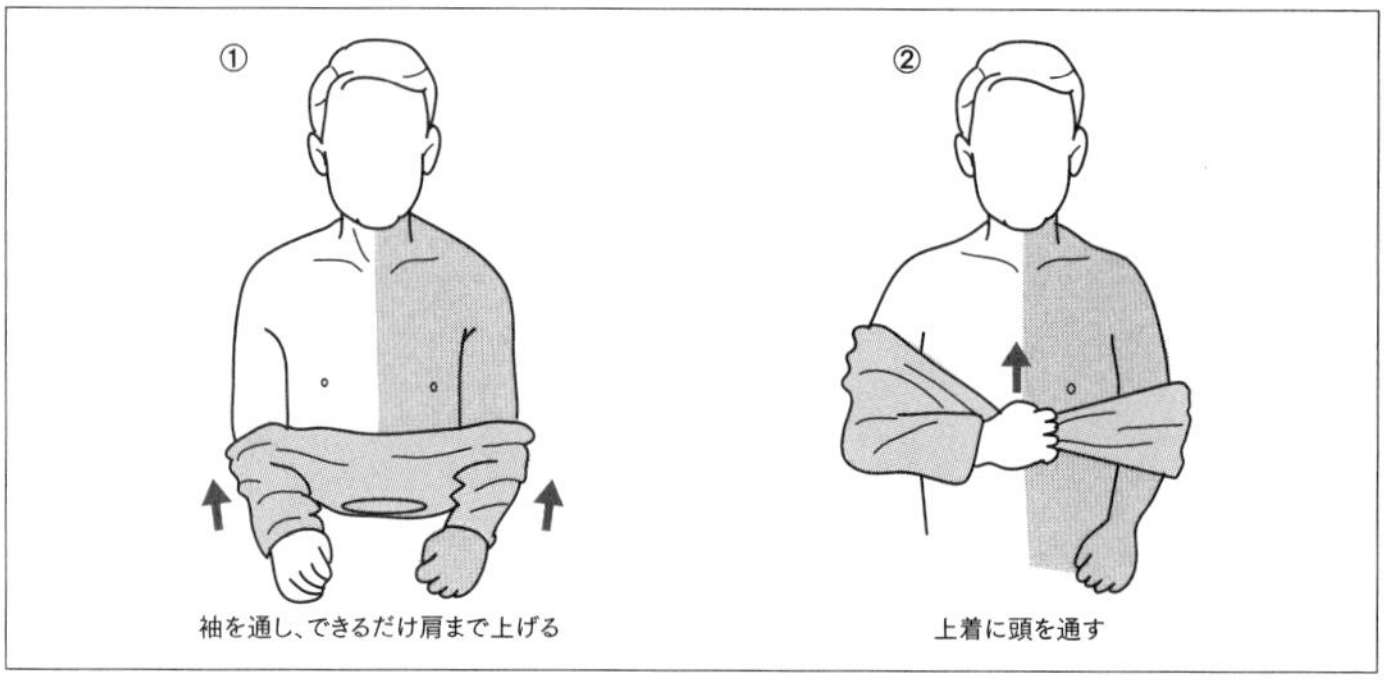

かぶりの上着の着脱（その他の方法）
4実務者研修テキスト生活支援の技術と環境整備　271 ページ　日本医療企画、2019 年

ば、袖をたくし上げ上肢が通しやすいように介助する

⑧介護者は、衣服の肩や脇、背中の中央と介護を受ける方の体が合っているかを確認し、しわをのばす

その他の方法

①～⑤同様

⑥健側の袖を通す。通した健側と患側の袖をできるだけ肩のほうまで上げる（図表2-1-19①）

⑦健側の手で、後ろ見ごろをたくし上げ、上着を頭に通す（図表2-1-19②）

⑧介護者は、衣服の肩や脇、背中の中央と介護を受ける方の体が合っているかを確認し、しわをのばす

ズボンを着替える場合（片麻痺の場合）

（図表2-1-20）

介護者は、介護を受ける方の患側で介助する。

①介護を受ける方がいすに腰かけてズボンを下ろせるところまで下す

②介護を受ける方は手すりや安定した台につかまって立つ。介護者は、介護される方の患側の足を保護しながらズボンをひざ関節の上までおろす

③いすに腰かけてズボンを健側、患側の順に脱ぐ。足先が脱ぎにくい場合、患側の足を健側の上に組むと、患側のズボンが脱ぎやすくなる。必要な場合、介護者は介助する

④患側、健側の順にズボンをはく。その際、患側の足を健側の足の上に組むとズボンがはきやすくなる

⑤立ってズボンを上げる。介護を受ける方の立位保持の状態により手すりにつかまり、介護者が介助しズボンを上げる

⑥介護者はズボンの中央と介護を受ける方の臀部の中央が合っているかを確認し、しわをのばす

図表 2-1-20

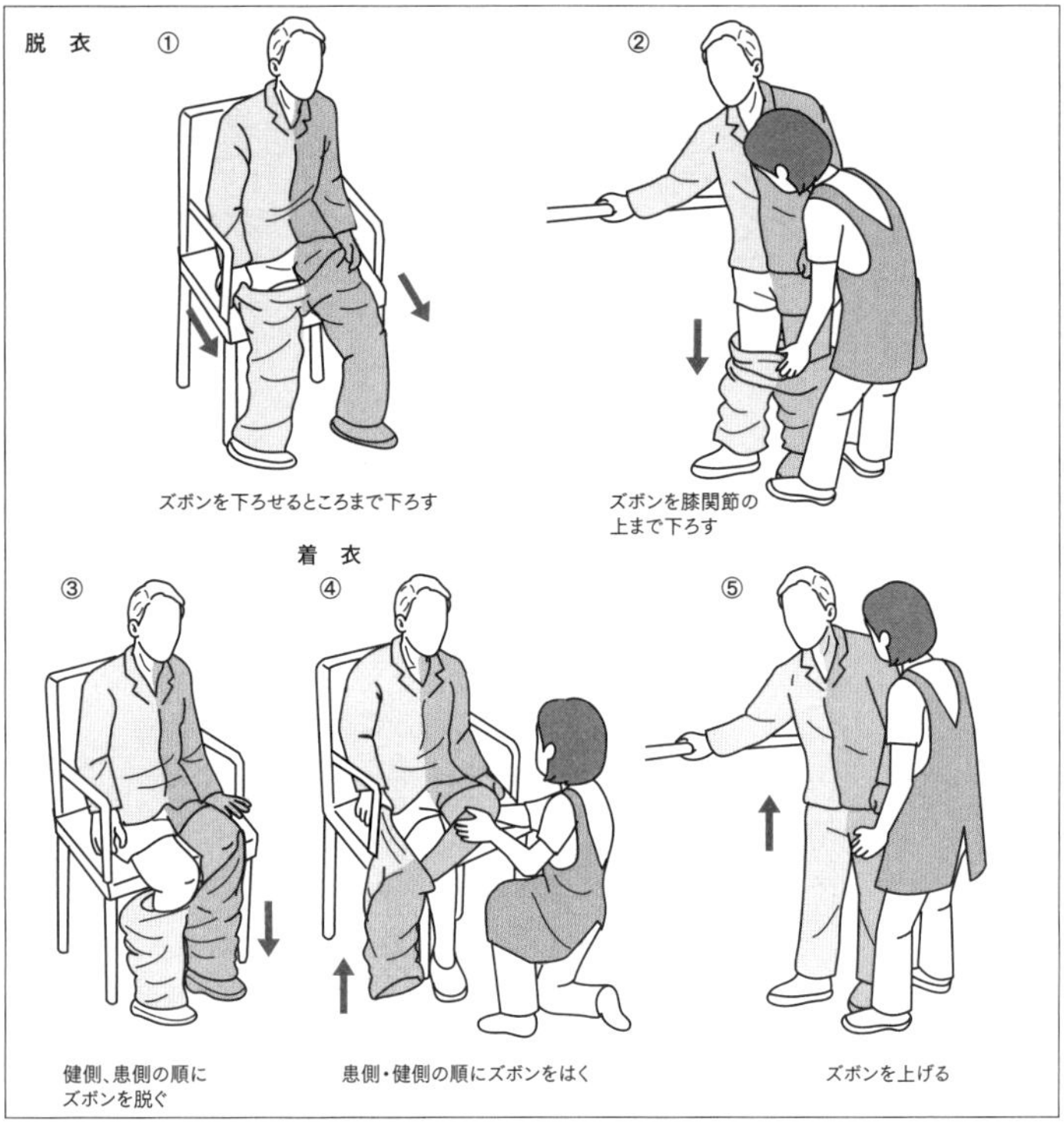

ズボンを着替える場合（片麻痺の場合）
4 実務者研修テキスト生活支援の技術と環境整備　272 ページ　日本医療企画、2019 年

介護を受けられる方がベッドで寝たきりになっておられる場合など、介護職員の訪問介護を受けておられたり、介護施設を利用しておられることが多いと思います。介護者がベッド上で、衣服の着脱をする必要があると思いますので、事前に介護職員から手ほどきを受けて出来るようにしてください。

福祉用具を上手に使う

福祉用具は、私の母の場合は、ケアマネジャーに相談して、介護保険の対象となる適切な福祉用具を老化や認知症に伴い貸与してもらいました。介護する私たちには、母の自立を少しでも長く福祉用具が助けてくれたと、昔を思い今でも感謝しています。私どもの場合は、手すり、車いす、ベッド、ポータブルトイレでした。１割（2割または3割）の自己負担で貸与や購入が出来ます。

加齢や障害によって生活機能が低下した介護を受ける方の自立を支えるためには、福祉用具や住宅改修がとても有用です。介護の必要性が高まるほど、福祉用具の必要性も高まってきます。

また、介護の必要性が高まるほど、環境への適応能力が減失していくために福祉用

図表 2-1-21

種目		図表4-1-2との対応	
		福祉用具	行為
貸与	手すり	手すり	移動、移乗、起居、排泄、入浴
	スロープ	スロープ	移動
	歩行器	歩行器	
	歩行補助杖	杖	
	車いす	車いす	
	車いす付属品		
	認知症老人徘徊感知機器	徘徊センサー	
	移動用リフト(吊り具の部分を除く)	リフト	移乗
	特殊寝台	ベッド	起居
	特殊寝台付属品		
	床ずれ防止用具	床ずれ防止用具	
	体位変換器	体位変換器	
	自動排泄処理装置(本体部分)	特殊尿器	排泄
購入	腰掛便座	ポータブルトイレ	排泄
	自動排泄処理装置(交換可能部品)	特殊尿器	
	入浴補助用具	シャワーチェア、家庭浴槽(+手すり+移乗台)	入浴
	簡易浴槽	簡易浴槽	
	移動用リフトの吊り具	リフト(吊り具のみ)	移乗

介護保険で貸与・購入可能な福祉用具
4 実務者研修テキスト生活支援の技術と環境整備の 80 ページ　日本医療企画、2019 年

具の適合・不適合の影響が大きくなります。したがってケアマネジャー等によく相談して介護を受ける方のニーズに適合した福祉用具を選んでください。

介護保険の対象となる福祉用具の一覧を図表にしています。（図表2-1-21）

住宅改修をする

住宅改修については、私どもの場合、廊下に手すりを取り付けてもらいました。母の老化が進んでもどうにかトイレは、自力で行くことが出来ました。それには、手すりが大変役に立ちました。1階に両親が住み、私たちは2階に住んでいました。食事や風呂は1階を一緒に使いました。

夜中のトイレを心配しましたが、母は手すりを伝い、トイレに行きました。終わってからのドアを閉める音が時々しないので、心配して夜中に見に行きましたが、トイレで眠りこけている場合もありました。父も眠りこけながらも手すりを持ちトイレに行くことができ、便利でした。同居している時は、寝ている時も、何か物音がすれば、夫婦ともすぐに目が覚めるという習慣もつきました。

この手すりに安心していましたが、私が休みの日の昼間に、トイレに行っていた母がドタンという大きい音をだしました。すぐに駆け付けると、手すりの横で頭から倒れていました。だいてベッドに寝かせましたが、見る見るうちに顔全体が歌舞伎のようにくまどりで真っ赤になりました。

皆慌てふためいて、かかりつけのお医者さんに電話をしました。私も気が動転していて、何を話しているのかあやふやでした。お医者さんはとにかく早くつれてきなさいと怒鳴って言われました。車に乗せ、かかりつけの病院に行き、すぐに診察してもらいましたが、検査の結果は、脳内出血等はなく老人性貧血症でした。顔は打撲傷で内出血して真っ赤に腫れて痛々しい限りでしたが、どうにか大事に至らず胸をなでおろしました。顔が元に戻るまでに相当かかりました。

それからも、老人性貧血症で倒れましたが、手すりを持ちしゃがんでいたりして、大事になりませんでした。その後もひやひやすることは続きました。

家庭における転倒事故は、統計上も非常に多いわけですので、高齢者の住みやすい住環境作りが家族も安心できる最善の道につながるのではないでしょうか。

高齢者は、住み慣れた自宅に住み続けたい、自宅に住み続けることによって近隣との交流を続けたいという欲求を持っています。その欲求を満たすためにも住宅改修をすることにより、生活機能の低下を補うことができます。

住宅改修は、福祉用具と密接に関連していますので、住宅改修と福祉用具のマッチングがうまくいけば、加齢や障害によって生活機能が低下した高齢者の自立を支える可能性が高まり、家族もその分、介護から解放されることになります。

図表 2-1-22

手すりの取り付け	廊下、トイレ、浴室、玄関、通路などの手すりの取り付けなど
床段差の解消	廊下、トイレ、浴室などの敷居の撤去、スロープの設置など。敷居を低くする工事、スロープを設置する工事、浴室の床のかさ上げなど
床材の変更	すべり防止や移動の円滑化などのための変更
引き戸などへの扉の変更	開き戸から、引き戸・折れ戸・アコーディオンカーテンへの変更など（扉の撤去、ドアノブの変更、戸車の設置なども可）。ただし、自動ドアの動力部分の費用は対象とならない
便器の変更	和式便器から洋式便器への変更など
上記改修に伴って必要となる改修	壁下地の補強、トイレや浴室の給排水設備工事など

介護保険で可能な住宅改修の例
４実務者研修テキスト生活支援の技術と環境整備　83 ページ　日本医療企画、2019 年

介護保険の支払い限度額は、20万円ですが、実際の住宅改修費（うち1割または2割、3割は自己負担）が支給されます。20万円を超えた費用は、全額自己負担になります。

ただし、転居した場合や、要介護状態区分が重くなった場合は、再度支給限度基準額が設定されます。

介護保険で可能な住宅改修例の図表です。参考として下さい。（図表2－1－22）

居室内を住みやすく

身体機能が低下している高齢者が、心地よいと感じる空間をつくるためには、採光、調光、通風、換気、温度、湿度などさまざまな条件を整える必要があります。

私たちは、五感（視覚、聴覚、嗅覚、触覚、味覚）

を働かせる刺激の種類によって、その場面を心地よいと感じたり、不快と感じたりしています。そして程よい刺激は、免疫細胞を活性化させて心身のバランスをとろうとするそうです。五感を刺激することが認知症の予防につながると言われるのはこのためだそうです。

音や室内の明るさや換気に気を付けて空調も活用して、快適な環境を作っていかれることをお勧めします。

また、高齢者が混乱や失敗、場所間違いなどをしないように、生活環境を急激に変化させないことも大切です。整理する場合は、わかりやすい視点で環境を整える必要があります。安全面も考慮し、危険なものは目に触れることのない場所に保管し、安心して生活できる環境を作っていただくことが必要ではないでしょうか。

第2章まとめ

◎悩み解消について

「高齢者のことで悩みがあれば、躊躇せずに先ずは、市区町村の高齢者福祉窓口か地域包括支援センターに相談です。」

◎介護保険の理解が大切

「介護保険の対象者は、65歳以上の方（第一号被保険者）で、原因を問わず要介護（支援）認定等を経て介護サービスが利用できます。」

◎介護では楽なからだの使い方がコツ

「介護を受けられる方の移動や移乗の介護を行うには、運動学や力学をベースにしたボディメカニクスの基本を習得し、楽なからだの使い方を理解しておく必要があります。」

◎食事は大きな楽しみです

「食事介助のポイントとしては、

・食事内容を見てもらいながら、介助する

・１回に口に運ぶ量の目安はスプーン１杯

・顔を合わせる
・急がない
・水分を一緒にとる
・熱いものはやけどに注意」

◎排泄しやすい衣服は機能性が一番

「排泄の自立のためには着脱しやすい衣服を選んでください。着脱に時間がかかるために失禁をしたり、トイレでの排泄に間に合わなかったりすることがあります。」

◎入浴する楽しみを

「ご家族での入浴介護が難しい場合は、デイサービスやショートステイ、訪問介護や訪問入浴介護等を利用してください。」

◎高齢者の衣服を選ぶ

「高齢者が衣服を選ぶときの配慮として、

①からだに合ったサイズで、体の動きを妨げないデザインや伸縮性のある素材の衣服を選びます。
②肌に刺激の少ない布地を選びます。
③靴は脱いだり履いたりしやすく、滑りにくいものを選びます。」

◎日常生活を続けてもらうには

「住宅改修は、福祉用具と密接に関連していますので、加齢や障害によって生活機能が低下した高齢者の自立を支える可能性が高まり、家族もその分、介護から解放されることになります。福祉用具の判断・手配は、まずケアマネジャーに相談してください。」

勤務する施設で介護をした忘れ得ぬ方々②

故郷が結んだ交流

高橋様（仮名）は、奥様と長期ステイのご夫婦でした。古武士風の顔立ちの厳格な方でした。トイレにお誘いしても、威厳のある声で「したくはない」と返事をされると新米の私などは立ち往生してしまうのが常でした。

先輩職員が良く生まれ故郷をお聞きしているのを真似て出身地を聞きました。すると偶然にも私の最初の勤務地の神戸でした。急に話がはずみ「若い頃、部活の仲間と宝塚に行ったよ」と話されました。私も田舎の母を1度連れて行ったことがありました。

怒られるかもしれないと思いながら、宝塚歌劇団の歌を唄いませんかとお願いしました。すると、突然大きな声で「おー宝塚おー宝塚」とその道のファンでなければ知らない歌を唄い始められました。

次に私から「すみれの花咲くころ」をお願いして2人で唄いました。突然の大きな歌声で、周りの利用者の皆様もびっくりしておられました。その後は、神戸の話もよくしてくださいましたし、トイレはもちろん何事にもご協力してくださるようになりました。

また、食事の時には、ご夫婦が同じテーブルにお座りになりますが、奥様はベッド生活が多く、食事の時は車いすを利用されました。時々奥様に食事の介護をしました。

呑み込みが悪くなられミキサー食を用意していました。

食事の際には、「ほうれん草の和え物ですよ」と料理名をお伝えしながらスプーンで口に運びました。横で静かに食事をしておられたご主人が「いつもありがとう」とお礼を言われました。用事のある時以外は、あまり話をされない方でしたので、介護職として間もない私はジーンときたことを思い出します。お子様方もよく面会に来られる親思いのご家族でした。

その高橋様ご夫婦も、数か月後には他の施設に移られました。それより少し前に、神戸に行く機会のあった私は、生まれてから青春時代を過ごされた神戸の街を友人にも協力してもらい、写真を撮り写真集にしてお渡ししました。ご家族からは、その写真集を気に入っておられると風の便りに聞いておりました。

翌年の暮に、施設に私宛の小包が届きました。中には、ご家族からの丁寧な手紙とお菓子が入っていました。お二人が旅立たれたこと、お父様は写真集を毎日ご覧になり故郷を懐かしんでおられたこと、また、ご家族の面会時には、元気になり私にお礼を言いに行きたいとお話をされていたことがしたためてありました。

ご家族が面会に行かれる日の朝、高橋様はいつものように車椅子に乗られ居室におられました。朝食時に、職員が呼びに行ったところ座ったままで静かに旅立っておられたそうです。まさに古武士然として人生を終えられたんだなと手紙を読み進めるうちに涙がこぼれました。

ご夫婦の最終章に介護を通してお付き合いさせていただき、また喜んでいただいたとは思いがけないことでした。

お菓子は、ご夫婦のお好きだった上品な味の和菓子でした。介護した職員で御夫婦をしのびながら分けていただきました。私も頂戴しながら、宝塚の歌を一緒に何度も唄ったシーンが目の前に浮かんできました。

お礼状には、私が拝見したご夫婦の仲睦まじいエピソードやこちらこそ人生の忘れ得ぬ思い出をいただいたことなどを書いてご家族にお送りしました。

今回、高橋様とのエピソードを本に掲載したいと思い、ご家族に手紙でお願いをしました。ご家族から、すぐに返信が届き、掲載を喜んでいただきました。お手紙には、また、お父様が宝塚の歌を大きな声で唄われたのは、お母様が宝塚の大ファンだったので、母に聞かせたくて大きな声で父が唄ったのでしょうとしたためてありました。

高橋様への写真集を作るために神戸で協力してくれたのは、私の大学時代のクラブの後輩夫婦でした。奥さんの実家に住んでいる後輩夫婦は、高橋様の実家に近いところでした。その奥さんが、子供のころからの宝塚の大ファンだったのです。宝塚の不思議な縁で結ばれた心和むお話になりました。

（第2章参考文献）

・川崎医療短期大学学長　小池将文・元川崎医療短期大学教授　内田富美江・社会福祉法人みその　みその総合ケアセンター（仮称）開設準備室長　森繁樹監修「実務者研修テキスト4第4版生活支援の技術と環境整備」日本医療企画、2019年11－14ページ、21－36ページ、37－45ページ、47－74ページ、77－83ページ、85－114ページ、131－157ページ、178－180、213－220ページ、267－280ページ
・佐藤眞一『認知症の人の心の中はどうなっているのか？』光文社新書、2019年
・介護福祉士国家試験『合格テキスト2020』中央法規出版、2019年
・監修横浜市『ハートページ　横浜市・北部版』プロトメディカルケア、2020年
・元東洋大学ライフデザイン学部准教授　特定非営利活動法人　楽　理事長柴田範子監修『自立に向けたいきいき身体介護』日本医療企画、2014年

第3章

誰もが必要な認知症の備え

認知症介護の基本と必要な観察や見守り

高齢化に伴い、認知症の方も増加しています。重要性を認識していただくために、次の文章を再度紹介します。

辻哲夫先生がインタビューの中で、認知症について語っておられます。

「ご存知のように認知症は加齢に伴う症状で、知的な面での障害です。長生きすれば大変高い確率で発症し、私の知る限りでは90歳以上で約6割、95歳以上で約8割を占めるとされています。今後フレイル予防は重要ですが、一方において、日本は長生きすれば誰もが障害者になり得る社会となったのです。」

団塊の世代が、75歳以上を迎える2025年には、厚生労働省は、高齢者の約700万人の方が認知症になり、高齢者の5人に1人を認知症の人が占めると推計しています。

これからは誰もが認知症になりうる時代に入っていきます。どうぞ、他人事と思わないで基本的な知識を習得してください。

私の場合は、母と同居を始めた当初から言動におかしいものがありましたが、田舎の病院の認知症診断テストでは、問題ないと言われたために対応に戸惑うことが多々ありました。同じ話の繰り返しや考えられない話を当然のようにしていました。

母が田舎に住んでいた頃、朝方トイレで倒れてからずーと頭がおかしいと言い続けていましたので、近くの大病院でＭＲＩの検査をしてもらいました。すると小さな脳梗塞が沢山あることがわかりました。

今に思うのは体の弱かった母は、この脳血管性認知症とアルツハイマー型認知症もあったのではないかと考えています。

お医者さんからこの検査の症状の説明を聞き、家族皆納得して、母への接し方を変えていきました。それからは、母の考えられないような話に説得を続け、お互いへとへとになるようなことは減りました。母がそのような話をする理由は確かに思い当たるものでした。

しかし現在のように、介護学校での勉強や介護施設での勤務で得た専門的な知識がなかったために、その後も季節により、症状が顕著に出たときなど、家族皆戸惑いました。

現在、認知症は介護保険法により相談の仕組みも充実し、本人や家族が不安を感じるような場合には、市区町村の高齢者窓口に問い合わせると、すぐに相談に乗ってもらえます。また、地域包括支援センターに直接問い合わせてもらってもすぐに相談に乗ってもらえます。情報もたくさん出ています。心強い時代になったと、昔を思い喜んでいます。

それにしても家族のことで認知症にかかわるようになった場合、多少の知識を理解していただく必要があります。知識があることは、安心と介護を楽にする良薬のような効果があります。

介護保険が充実する前に、長い間どう対応すればよいのか試行錯誤で、悩み苦労してこられた全国の方々や私どものように苦労ばかりしてへとへとにならないように知識の習得にはちょっと時間を割いてください。

２０００年、親を呼び同居する前に、認知症などの本を６冊ほど買い込み読んでいたのです。ところがいざ同居をしたら、目の前の日常に翻弄され、知識は皆頭から消し飛んでしまっていました。今は、読者の皆様のお住まいの地域にいろいろな相談先がありますので、大いに相談して不安や悩みを解消してください。

認知症の方が入所されるグループホーム（認知症の方が介護を受けながら、共同生活を送る施設。１ユニット５名以上９名以下）があります。私は、いま勤めている施設の経営しているグループホームでも介護をしています。利用者の方の生活を長く支えていきますので、その方の生活習慣の理解や考えておられる気持ちを理解していくことは、その方に合った介護をする上で必須条件と思っています。

そこで、認知症の方の生活を支えていくためには、身体的能力や日常生活の動作といったことばかりではなくこれまで親しんでこられた生活や思いなどについて、共感をし、よく理解してあげることが必要になります。また、認知症があったとしても、できる限り戸惑いや不安がなく暮らせるよう心に寄り添うことではないでしょうか。

認知症の中核症状と周辺症状

認知症の方の行動で戸惑うことの一つに、くりかえしの行動や、さっきしたばかりのことをすぐ忘れてしまう（例えば、食事の後「ご飯を食べていない」と言われる）ことがあります。しかし、こうした言動は認知症の中核症状（必ずみられる症状）からくるものであり、仕方ないものだと理解しておけば、戸惑うことはありません。

母の時は、最初はわからずに、相当の時が立ってもどう応じればよいのかわかりませんでした。

図表 3-1-1

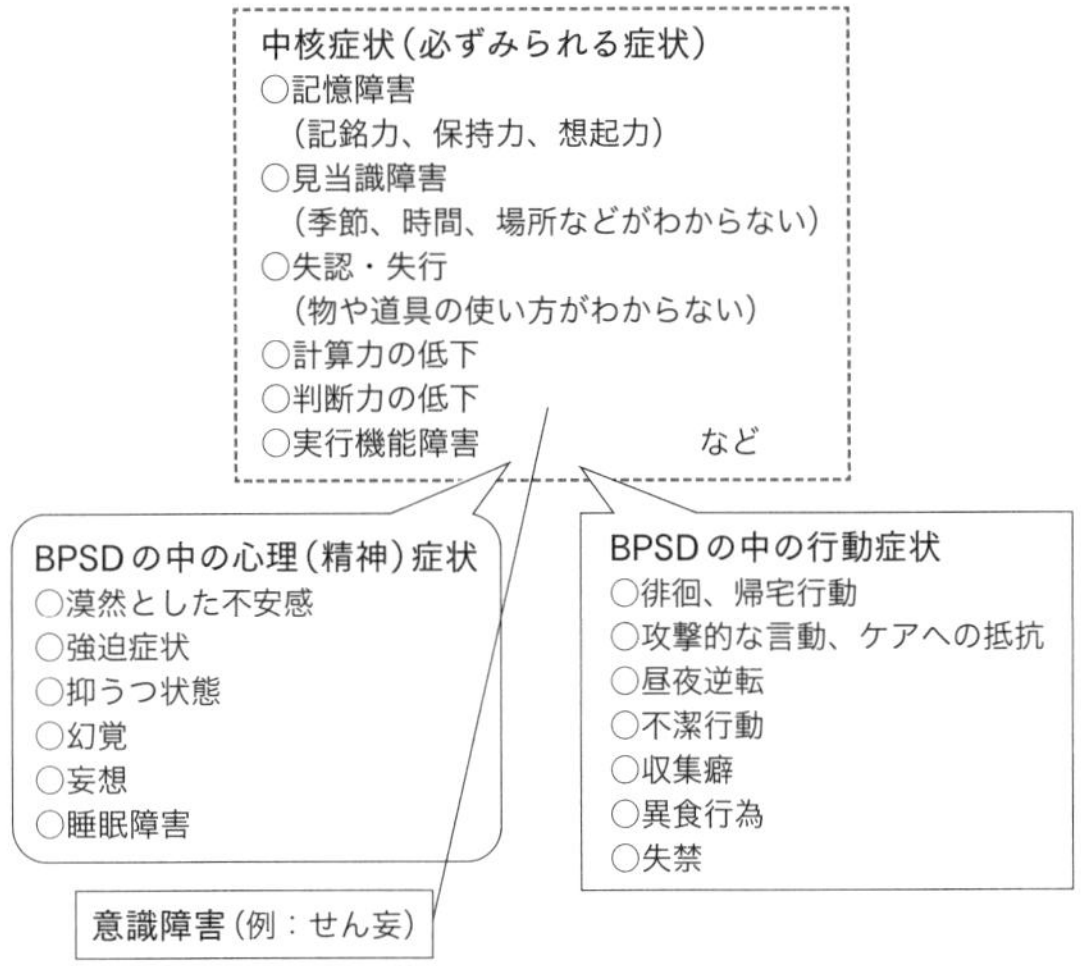

BPSDは身体の具合や環境によって影響される　（作図：森）

出典：介護福祉士養成講座編集委員会編『新・介護福祉士養成講座 12　認知症の理解』第 3 章第 5 節（松本一生）中央法規出版を参考に筆者作成

認知症の行動・心理症状
6 実務者研修テキスト老年期の疾病と認知症・生涯の理解　186 ページ　日本医療企画、2019 年

また、認知症の中核症状からくる行動・心理症状（BPSD）としては、次の図表のようなものがあります。（図表3-1-1）

日常生活の動作のなかで炊事や皿洗い、掃除といった家事仕事については、認知症が進んでも見守りさえあれば、可能な人が少なくありません。また、縫い物や編み物に慣れ親しんだ女性の中には、針や糸を持つと、すいすいと手を動かす人もおられます。

ですから、認知症高齢者の上手な介護をされるうえでは、できる能力、失っていない能力を見出し、出来る限り自分でできることは、自分で行ってもらい、失った能力についてはさりげなく補っていくことが、実は生活していくうえでの自信にもつながってきます。

認知症高齢者の心の特徴と対応の基本

次に、精神面に関しては、感情面についての感受性や表現力は比較的保持されやすい能力のようです。具体的には、うれしい、悲しい、寂しい、つらい、あるいは怒りといった感情です。また、人に対する好き嫌いの感覚も感情面から理解することができます。

認知症高齢者は、相手が発した言葉の意味や内容は十分に理解できない場合でも、相手が自分を尊重しているのか、あるいは軽く見ているのかといったことについては、私たちと同様のレベルで十分理解しておられると考えたほうがよいようです。

認知症のケアにおいては、「説得ではなく納得」という言葉がよく用いられます。認知症高齢者は多くの場合、物事を理屈で理解していくことが苦手になっており、い

くら説得しても、いくら言葉で説明してもなかなか納得されることはないようです。

母の場合には、さんざんこの間違いをしでかしました。想像するに、母にしてみれば、この子は小さい頃も訳の分からんことを時々言っていたが、年を取ってからはますますわからんことを言うようになったと思っていたかもしれません。今は十分経験を積みましたので、介護施設ではそのようなことはしません。

それでは、納得とはどのようなことを言うのでしょうか。ある認知症の人は、親しい介護職員に対して「あなたの言うことだからわかった」「あなたの言うことだから間違いない」と素直に受け入れていました。

認知症の人は何もわからないのではありません。「わからない」と決めつけられたことを拒絶されます。また、「わからない」のに無理やり何かを押し付けられることを拒絶しようとされます。そして、それを言葉で説明できないとき、暴力や暴言、あるいは徘徊や物集めといったかたちで自分の気持ちの一部を代弁させ、それがこれまでは問題とされる行動と言われてきました。私は介護施設で、利用者の方のして欲しいことをできるだけお聞きし、してあげます。また、つじつまの合わない話にも、昔の話にも一緒にその中に入って盛り上げます。前の記述も実務者研修テキストから抜粋していますが、誠に至言です。

認知症の方とできるだけ深い信頼関係を築くことは、最も大切なことではないだろうかと、私は考えています。

好きな人や自分を大切にしてくれる人の言うことは、多少我慢しても言うことを聞いてあげようという気になるものです。この心理は、普通に生活している私たちにも共通するものです。読者の方も仕事のなかで、そのような場面は良く体験されていることと思います。

大学を卒業して入社した会社で、翌年には本社の苦情処理部門に配属されました。同期いわく、君も因果な部署に配属されたなと言葉をかけられました。これも人生の修行ととらえ、全国からのきついお叱りを朝から晩まで受ける時もありました。20代半ばから30代初めまで良い勉強をしました。姿勢は、苦情を申し出られるお客様から苦情の内容を納得されるまで1時間でも2時間でもひたすら聞きお詫びを続けました。おかけしたご迷惑を正直で誠実に心からお詫びし、実質補填をするようにしました。中には、不当要求をする怖い人とのやり取りもありましたが、すべて同じ対応をしてきました。

そのような経験で若いながら、人間関係は聞き上手になり、誠実さと真心だと腹が座りました。いろいろなクレームを申し出られ、各社手を焼き、難攻不落の有名な方が、私の対応に3ヶ月ほどしてやっと納得され、かけられた言葉が、「あなたは日本一の苦情処理担当者ですよ。」とのお褒めの言葉でした。私はその方の話を納得されるまで聞き続け、同意できるところは大いに同意しました。おかげで人の話をよく聞く習慣がつきました。

介護施設に勤務すると、また、利用者の皆様の話をよくお聞きするようになり、誠実さと真心と尊敬の念を持ち介護をしています。利用者の皆様は、話を聞いて欲しい方が殆どです。話を始めると、話が終わらない方が大勢おられます。話をお聞きすることにより、安心をされ心が安定されます。

「認知症の人の心の中はどうなっているのか」(佐藤眞一大阪大学大学院教授著光文社新書)にケアで最も大切なのは、コミュニケーションと書いてあります。ある調査では、介護施設では、介護職員の業務時間のうち、利用者との会話はたった1パーセントですとの記述があります。介護職員不足で、ゆっくり話を聴く時間が持てません。父のすぐ下の叔父のことですが、教育関係の公務員をしていました。昨年がんで亡くなりましたが、面倒見のいい叔父で私どももいろいろ世話を焼いてもらいました。病院に見舞いに行くといつも楽しく話をしてくれました。そんな時、しみじみと妻に「会話は心の栄養だよ」といったそうです。葬式の後の会食で、思い出に妻が話をしたところ、お坊さんがとても味のある言葉だと感じられ、寺の会報に掲載しておられました。単身赴任をしていた時の叔父は、帰宅しても1人なので、話も出来ずに淋しい思いをしたそうです。一般の人でもそうです。まして、認知症で不安になっておられる方とは、出来るだけ会話する時間を持ってもらい、話を否定されずに聞いて欲しいのだと思います。

利用者の皆様とは出来るだけ話をお聞きするようにしていますので、心が通い合います。そして、私のお願い事には、言葉や態度で優しく応じていただきます。

しかし母の介護をしていた頃は、母が自分でもおかしいと自覚して言葉に出し、私は勝ち気な母がなぜこのように別人みたいに衰えていくのかとそのギャップに悩みました。少しでも元気になってもらおうとつい強い口調で元気づけたものです。

今、優しい接し方ができるようになったのも、母の時の失敗を介護学校で勉強して、介護施設で実践したからです。相当時間がかかり、年も取りました。

読者の方は、自分のご家族の認知症の方の介護をされますが、私の数々の失敗を他山の石としてください。介護を受けられる方からこれまでに親切にしていただき、感謝されたことを思い出して、

いつもやさしく接して、10分でも5分でもいえ時間があれば1時間でも3時間でもよいのでよく話を聞いてあげてください。きっと喜ばれ、心穏やかになられることと思います。

私は、父が俳句に行ったりして留守の時は、母の思い出話などを2時間でも3時間でも聴いていました。

また、認知症の方であっても高齢者としての誇りは、どんなときでもこころのどこかに持ち続けておられます。人生の先輩であり、戦中戦後の困難な時代を必死で生き抜いてこられています。

家族でも尊敬していますよという態度と丁寧な言葉をかけて、やさしく肩に手をやったり、背中を優しくなでたりといったことで信頼の気持ちを伝えると、介護者の思いを一生懸命くみ取られ、感謝の気持ちが表情や言葉に現れてくることと思います。

私は、母や父には丁寧な方言で話をしていました。ですから、私たち夫婦は、子ども

図表 3-1-2

	脳血管性認知症	アルツハイマー型認知症
認知症の自覚	初期にはある	自覚なしが多い
進み方	よくなったり悪くなったりしながら階段状に進む	ゆっくり単調に進む
神経症状の有無	手足が部分的に麻痺したり、しびれたりすることが多い	初期には少ない
身体の持病との関係	高血圧、糖尿病などの持病があることが多い	持病との関係は少ない
特徴的傾向	ささいなことで泣いたり怒ったりなど精神的に不安定になることが多い	落ち着きがなかったり深刻味がないことが多い
認知症の性質	まだら認知症（部分的に能力が低下している）	全般性認知症（全般的に能力が低下している）
人柄	ある程度保たれる	変わることが多い

脳血管性認知症とアルツハイマー型認知症の違い
６実務者研修テキスト 老年期の疾病と認知症・生涯の理解 238 ページ 日本医療企画、2019 年

扱いや子供言葉などで接したことはありません。

介護施設に来られる利用者の皆様も、ご家族に迷惑をかけているとの気持ちをお持ちです。また、私の母のように認知症の初期では頭がおかしくなったと自覚しておられる方もおられます。そのために家では遠慮をしておられる方が多いように感じます。そのような気持ちを持っておられることを理解していただき、忙しい中での介護は大変だと思いますが、優しい心で介護をしてあげてください。認知症が少しでも好転することと思います。

脳血管性認知症とアルツハイマー型認知症の違いと対応方法について

特に多いとされる脳血管性認知症とアルツハイマー型認知症の違いを図表にします。（図表３-１-２）

脳血管性認知症は、脳卒中や脳梗塞、高血圧など脳の血管の障害が原因で脳の一部に酸素や栄養が届かず、二次的に神経細胞が障害されて起こる認知症です。主な症状は、記憶障害、認知障害、失禁、問題解決能力の低下、注意力・意欲の低下、適応力障害、感情失禁などがみられます。

血管障害を起こした脳の損傷部位によってさまざまな症状が現れますが、損傷を受けていない部位は正常なため「まだら認知症」とも呼ばれています。

脳血管性認知症の行動特性として高血圧や脳梗塞などの動脈硬化性疾患の既往症、構音障害や嚥下障害、片麻痺、初期からみられる尿失禁、すくみ足や小刻み歩行などの歩行障害、深部腱反射亢進や病的反射などがあります。

アルツハイマー型認知症は、脳の細胞が変性（性状、性質が変わること）したり、消失した結果、脳全般の細胞が萎縮していって認知症の症状が現れます。老化が進み、神経細胞の働きが弱くなると、ホモシステイン酸が細胞内に有害物質を蓄積させ別の原因物質と組み合わされることで細胞死することがわかってきました。

脳血管性認知症とアルツハイマー型認知症の特徴とケアの違いを図表にします。（図表3－1－3）

図表 3-1-3

	脳血管性認知症	アルツハイマー型認知症
ケアのポイント① ケアする人 介護者	1対1でケアすること ・なじみのある人が介護にあたること ・目で見てその人を覚えている ・その人の印象が大きい ・梗塞を起こしていない部位は正常	ケアする者は誰でもよい ・不安感が増大 ・感情が弱くなっている ・誰でもよいから誰かがそばにいてくれればよい
ケアのポイント② （応答の仕方） 受け止め方	原因がある ・それに対する対応 （脳はしっかりしている）	情緒的に対応すること 気楽に受け止める 「それは、大変ねえ」というような対応 ※論理的に言っても伝わらない
ケアのポイント③ 病気の特徴に 合わせたケア	バランスをとるようにケア （脳の一部がダメージ） ・自己調整がうまくいかないことのもどかしさ ・パニックになる ・自分をもっているがバランスよくできない 自己調整することを助けるケア 人が入れ替わるより静かにバランスの悪いものを探し出すケア ・自我意識（自分で考えたことは正しいと思うこと）をわかってあげること 受容していることをわかってもらう 1対1がよい	・脳全体の萎縮 ・行動も感情も低下している ・自我意識も少なくなっている ※人と私という感情を同一化していく関わり方が大切
ケアのポイント④ パターン化の 有効性	パターン化しないこと 信頼できる人を決めて対応 ・状況を見て考えている ・バランスは悪いが局面は変わっている ・パターン化されると反発する 理解など不足しているところだけ支援する 自信を失っている ↓ 無気力になりがち ↓ うつ状態（引きこもる） ↓ 全体的には廃用性萎縮になる	パターン化すること 同じこと 同じ時間 同じ場所 くりかえし提供すること ↓ 安心感

脳血管性認知症とアルツハイマー型認知症の特徴とケアの違い
6実務者研修テキスト 老年期の疾病と認知症・生涯の理解 223ページ 日本医療企画、2019年

図表 3-1-4

アルツハイマー型認知症	**脳血管性認知症** 脳卒中や脳梗塞、高血圧など脳の血管の障害が原因で脳の一部に酸素や栄養が届かず、二次的に神経細胞が障害されて起こる認知症
【主な症状】 ・記憶障害 ・見当識（時間や場所）障害 ・実行機能の低下 ・注意力の低下 ・失語など 【日常生活の中での具体例】 ①最近の出来事が思い出せない ②同じ質問を何度もする ③物を置き忘れる ④間違った言葉を使う ⑤家事などの方法がわからない （手順を思い出せないなど）	【主な症状】 ・記憶障害 ・認知障害 ・失禁 ・問題解決能力の低下 ・注意力、意欲の低下 ・適応力障害 ・感情失禁など 血管障害を起こした脳の損傷部位によってさまざまな症状が現れるが、損傷を受けていない部位は正常なため「まだら認知症」とも呼ばれる。

アルツハイマー型認知症と脳血管性認知症の主な症状等の違い
6 実務者研修テキスト老年期の疾病と認知症・障害の理解
241 ページ　日本医療企画、2019 年

アルツハイマー型認知症と脳血管性認知症の主な症状等の違いを図表にします。（図表3−1−4）

図表 3-1-5

初期 期間２〜６年	●「忘れている」ことを「忘れている」 ●食べた夕食の内容を忘れているのではなく、先ほど夕食を食べたこと自体を忘れてしまうといった症状がみられる
中期 期間２〜３年	●だんだんと現在と過去の区別がつかなくなる ●近い時期の記憶からなくなっていき、過去の記憶は比較的残りやすい ●結果として起こる症状として代表的なものが徘徊症状 例：過去の記憶通り、朝に出社しようと家を出て、もともとの目的を忘れてしまい外で混乱してしまう ●尿意や便意がわからず、失禁が目立つ
後期	●脳萎縮がさらに進行して、言葉の数も意味も失われていき、やがては話が通じなくなる ●食事に集中できないため介助が必要になり、歩行が緩慢となり、姿勢が前倒したり、左右どちらかに傾いていたりする
やがて寝たきりになり、上下肢の関節が拘縮、嚥下障害も出て、栄養不良と誤嚥性肺炎が起こりやすくなる	

アルツハイマー型認知症の症状の変化
６実務者研修テキスト老年期の疾病と認知症・障害の理解 240 ページ 日本医療企画、2019 年

アルツハイマー型認知症の症状の変化を図表にします。（図表３−１−５）

介護家族が直面した認知症の症状例と対応

このテーマは、家族間で、地域間で、国民レベルで考えていくような課題になってきたのではと思うのです。２０２５年には団塊の世代が75歳以上になる年ですが、65歳以上の高齢者の５人に１人は、認知症を発症しているという衝撃的な予測数字があります。

高齢化が進めば進むほど認知症の発症が増えてきます。長生きになった宿命のようなものです。これは２０２５年問題と言われています。

母の認知症がだんだん進行してくると、私たちが考えもしなかったような事が、日常で起こって

きました。夜、勤務から帰宅したら、居間に縫い針がばらばらと落ちているのです。気をつけるように妻に注意しました。

ところが、数日後、帰宅すると今度は台所にも縫い針が落ちていました。妻に尋ねると、1階の居間は両親が使っており、妻が落とす理由がないというのです。母は裁縫が出来なくなり、父が簡単な繕い物はしていました。まさか、父が針をばらまくことはないとの結論で、翌日、妻が母に聞いてみるということになりました。

夜帰宅して妻に聞くと落とし主は、母でした。私の針ではないから捨てたと言っていたそうですが、なぜ部屋などに捨てたのかわかりませんでした。よくわからない答えで、私どものほうが混乱しました。父に話し、針箱は母がわからないところに隠しました。

また、父が外出をしていた時、昼間母の姿が見えず、妻があわててトイレや庭など探しても見当たらなかったそうです。外を探すと家から10数メートル離れた車が比較的よく通るゆるい登り坂の道路の真ん中付近をゆっくり歩いていたそうです。歩道もちゃんとあるのに歩道を歩いていなかったのです。

帰宅して、そのような話を聞く度に、夏でも肝を冷やしました。母の外出の理由は、歩いて5分ほどのところにかかりつけ医院と薬局があったので、薬好きの母は薬を買いに行ったそうです。

確かに、同居を始めてまだ多少元気なころは、父と2人で病院や近くの商店で買い物をして帰ってきていましたが、その頃は、体の衰えもあり、近くても車で連れて行っていました。しかし、このようなことは何回かありました。

また、これまで考えなかったような体験をするために、昔ヒットした映画の題名「未知との遭遇」のように不安な日々を経験しました。私たちは、母の認知症により、母が混乱すると私達まで混乱してしまい、父を入れてどうしたものかと相談をするのでした。そのような時は、かかりつけのお医者さんに相談すると、落ちつく薬を処方していただきました。すると母は落ちついていつものように物静かになりました。

読者の皆様の中にも、幾多のハラハラドキドキを経験されている方も多いと思います。若い頃のようなハラハラドキドキではないのが、残念ですが。

このような状態は、母の認知症の進行とともに多くなりました。季節の変わり目には症状が特に顕著に出て振り回されましたので、お医者さんに相談して、薬を処方してもらい落ち着いてもらいました。

いま、介護施設で介護をしていますと母の症状などは、認知症の症状のほんの1事例にすぎないと思います。

これから超高齢社会は、さらに進行していきます。認知症の方が増加する中で、認知症の介護を家族のみが負うことは不可能です。在宅での介護では、同居家族による介護が減少し、事業者と別居家族による介護が増加しています（厚生労働省「国民生活基礎調査」2017年）。

認知症高齢者の介護は、介護の負担の大きさに尽きるといっても過言ではありません。そこで、介護負担と過度のストレスに対し、軽減を図るためのサービスの適切な利用が重要となります。前にも紹介しましたが、専門家に相談して介護保険のサービスを組み合わせて受けていただくことが、長く続く場合の介護も乗り切れることにつながります。

認知症高齢者の病気の原因や症状・対応について

家族が、認知症高齢者の病気の原因や経過、症状、治療内容、今後の状態などについて知っておくことは、深刻にならず対応するために重要です。家族は、認知症の方のこれまでと、現在の姿があまりにも異なるために、混乱します。

そのために、医学的事実を適切に認識することはより良い症状の理解と判断をするために必要です。「認知症の原因は何か？」「薬物は有効なのか？」「副作用はあるのか？」などの基礎知識は、家族が認知症の方の状態を観察するために役に立ちます。

認知症は、認知障害に加えて多くの場合に精神症状と行動障害を伴います。また、症状は中核症状と周辺症状（行動・心理症状）に大きく分類できます。

「中核症状のケアについて」

中核症状には記憶障害、見当識障害、遂行障害（実行機能障害）があります。

①記憶障害への対応について

記憶障害は、認知症の中心的な症状です。記憶障害は、新しい事実や事柄を覚えられなかったり、以前の経験を再生できなかったりします。新しい出来事を記憶することができないのは、認知症高齢者に必ずある症状です。また、全体の記憶が障害されてきて、昼食に何を食べたのかではなく、昼食をとった体験そのものを忘れてしまいます。記憶がなければ本人とって事実ではありません。したがって、いくら説明や説得をしても意味がない、ということを知るのは重要なことです。

介護施設で勤務していると、同じような事例を体験します。私はそのような時、昼食は食べておられないのですね。では、これから昼食を作りますので、すみませんが少し待ってくださいとお答えします。そして、ご飯が出来るまで、お茶でも飲まれますかとお尋ねします。そうこうするうち他に関心が移られて、忘れてしまわれます。

自宅で介護をしていた当時の私は、母に対して、母が言っているようなことはないと繰り返すのです。母は自分が思い込んで言い張っている記憶しかないのですから頑として譲りません。ついには、2人とも疲れ果てるのです。骨折り損のくたびれ儲けです。

記憶は新しいことから失われますので、若い時の時点に戻り、昔の世界の中に今生きているということになります。

何度説明してもすぐに忘れてしまい、同じ質問や行動を何度も繰り返す症状に、介護者は、「まさか」「どうして」などと戸惑い、否定する気持ちを抱いてしまいます。どう対応してよいのかわからず、いらいらしたり、きつい言葉で叱るなどの不適切な対応をしてしまいます。「なぜそうなるのか」について、認知症の症状や経過を知り、理解することで介護者も納得し穏やかに対応できるようになります。介護者が落ち着き、本人を受け入れてくれることで、認知症高齢者本人の症状も落ち着いてくることが多くあります。

②見当識障害への対応について

時間（年月日、時間、曜日、季節を含む）、場所（自分のいる場所や住所など）、自分の名前や年齢、自分と周囲の関係などの日常生活に必要な情報を理解する能力が失われていきます。

見当識障害が強いと夜中に起きて出かける、自分のいるところがわからず混乱をしたり、家族がわからなくなるなどのことがあります。

対応に困られた場合は、その都度、専門家に聞いたり、かかりつけのお医者さんや認知症専門のお医者さんを紹介してもらい、受診してください。

③遂行機能障害（実行機能障害）の対応について

判断力の低下により、計画建てた行動が出来なくなります。不適切な行動を起こしたり、反社会的な行動や衝動的・断片的な行動をしたり、行動を変更できずに同じ行動を繰り返したりすることがあります。

対応に困られた場合は、その都度、専門家に聞いたり、かかりつけのお医者さんや認知症専門のお医者さんを紹介してもらい、受診してください。

「周辺症状（行動・心理症状）のケアについて」

認知機能障害と環境要因が加わって引き起こされます。さらに周囲の人々が認知症のサインに気づかないと、パニック（不穏、暴力、大声など）に至ることがあります。

空間や時間の流れの中に、生活習慣の記憶が残されていれば、これまでの生活を継続でき、認知的な混乱を少なくすることができるので、人、物、住まいなどのなじみの環境を残したり、取り入れたりすることは混乱を予防するために重要です。認知症の人の観察から、人、物や住まいの環境を整えることで、落ち着くことが多くあります。

住み慣れた住まいの環境を整えることは寂しさを感じないために大切だと思う経験をしました。

両親と同居を始めたときは、1階に両親に住んでもらいましたので、父が居間や寝室をタンスや田舎の品で飾り立てました。母が水墨画を習っていましたので、壁に10枚以上母の水墨画を飾ったりして、田舎の家のようにしました。私どもにとっては何か変な雰囲気でしたが、家については淋しがらずに、2人とも居心地よく住んでくれました。長年飼っていたスピッツのシロも連れてきたのも慰めになりました。

認知症の方の日常生活のケアについて

認知症の方のコミュニケーションは、軽度から中程度の認知症の場合は、話の内容の詳細さが低下します。間違いを指摘したり、会話の流れを断ち切ったりすると、逆に話すことへの意欲の低下を招くので、会話の流れに沿って、さりげなく言葉を補うような語りかけを行います。

中程度から重度になると、自分から人に話しかけようとしなくなります。集団でいても、1人でぽつんとしています。人との交流の機会が減少することで、一層コミュニケーション能力の低下を招くことになります。

認知症の方のこれまでの生活などを話題にしたり、話には加わらなくても、ストレスなくいられる場を設けます。

重度になると言葉を話すことが困難になります。表情や身振りなど体全体を使って、介護者に向けてメッセージを発しておられますので、何を言いたいのか理解してケアをしてください。挨拶や、自己紹介、歌を唄うなどは、重度になっても維持されていますので、話しかけていくことが大事です。私は、介護施設で日々そのような方々の介護をしており、実感しています。

また、認知症高齢者の方は、重複した障害（視野や聴覚の低下）を持っておられます。メガネや補聴器などで補ってあげてください。

認知症の方へのコミュニケーションの取り方は、次の図表の通りです。（図表3-1-6）

難しく大変と感じる排泄について

認知症の方は、排泄に問題を感じていなくても、介護者が問題と感じていることが多く、何が問題なのかを理解することが必要です。尿意や便意が不明瞭な場合は、排泄のサインを確認します。排泄・排便パターンを確認して誘導します。また、ある程度まとまったものが出ているか、残尿はないかの確認をします。お通じが少量ならもう少し、座って頂いてください。また、立ち上がられた際に、腹圧がかかり、残尿があることも良くあります。そのような場合には、すぐに座りなおしてもらってください。

図表 3-1-6

	内　容
ケアの基本	（1）ゆっくりと話す（時間の流れはゆっくりと） （2）声のトーンを落とし、音程を低めに話す（ただし挨拶は明るく） （3）言葉でなく表情で状態を読み取る
ケアの原則	（1）人として尊重し、ありのままを受け止める （2）説明や行動の手順をくりかえし伝える （3）一度に複数のことを言わない （4）批判や拒否をせず、明るく共感する （5）適度に受け入れながら、現実へゆっくりと導く （6）手助けは、できない部分だけをする （7）言語に加えて、非言語的な表情や動きでこころを伝える （8）危険を予測し、安全確保をしながら見守る （9）適切な対処的行動をとる （10）感情的にならず、そのときを過ごす

日常生活ケアの具体的実践方法認知症の人へのコミュニケーションの取り方
６実務者研修テキスト老年期の疾病と認知症・障害の理解 304 ページ 日本医療企画、2019 年

衣服の着脱が困難な場合、ウエストゴムの調整、ボタンやジッパーのつまみを大きくします。起居動作が難しい場合は、手すりなどの福祉用具の設置などを行い、慣れるまで一緒に使うように介助してください。おむつをはずしたり、そわそわされたり落ち着かれないようなな場合は、トイレに行きたい可能性もあり、早めに察知し誘導してください。

認知症の方の認知度が、軽度から中度、重度になるにつれ介護も大変になっていきます。また、高齢で老化が進んだ方や脳梗塞等による麻痺のある方の介護は、力を要する場合も出てきますので、介護の仕方がわからない場合は、介

護の専門家に遠慮されずに聞いて覚えてください。

介護する家族のストレス解消について

家族が感じるストレスは、長期の介護による緊張状態からくるものや日常生活からのものなどストレスの中身を特定できないことも多くあります。自分がストレス環境にあることに気づかないまま、燃え尽きてしまい、どうにもならないような介護の破滅状態に陥ることもままあります。まずは、介護者自身がストレスにさらされていることを自覚することです。介護は長期戦であり、長期にわたって家族の行動や要望を抑圧しなければならない場面も多くあります。

ストレス解消の具体的な方法としては、たくさんあります。「案ずるより産むがやすし」「なんとかなるさ」などのように楽天的な考え方、前向きな考え方ができるように、例えば「○○ができなかった」というより、小さなことでもできたところを認め「○○はできた」というように見方を変えた言葉を自分で使ってみてください。

自分の行動に100点満点をつけて、自信を回復してください。もし、うまくいかなかったら、その時、また一番いい方法をとればよいのです。すぐに、介護の専門家に聞くなど身近に助け船を出してくれる人も、今ではたくさんいます。この100点満点の言葉は、私が10年間、山崎房一先生に師事していた時、山崎先生が講習で参加者に、いつも自分を肯定し、自信を持つための魔法の言葉だと言っておられました。

からだを動かしたり、音楽を聴くなど自分の好きなことやおしゃべりをすることなども気分転換になります。いろいろなことに自信を失うなど自己評価が低くなっている人は、なにか良い点を自分で見つけて、ささいなことでも自分ほめてみましょう。たとえ小さなことでも積み重ねれば、大きな自信になり、明日への勇気につながっていくこともあります。困っていることや思っていることなどをはっきりと介護の専門家などに言ってください。介護の破綻は我慢に我慢を積み重ねて起きることが多々あります。

ストレスが高い時は筋肉も緊張しています。不安や緊張を弱め、心身をリラックスさせることも効果があります。

リラクゼーションとしてマッサージやカタモミなどがあります。そのほか、瞑想法など人間がもつ潜在的な力を用いてストレスを解消する方法もあります。

介護を受けられる方が、体の急変や悪化、介護困難等があり、自宅での介護に限界がある場合は、施設での短期の利用や入所を考えてください。

在宅介護を継続するためには、介護者や家族の状況に合わせて、施設の通所介護（デイサービス）や短期入所生活（療養）介護（ショートステイ）、認知症対応型共同生活介護（グループホーム）、小規模多機能型居宅介護、認知症カフェなどのサービスがありますので、介護を受けられる方のお体の状態を専門家と相談したうえで、サービスを組み合わせて利用することで、家族介護の負担が軽減されて在宅介護が継続していく場合が多くあります。

私の母の場合は、同居数年後には、体力が落ちて外に出歩かなくなり1日中家にいました。外に行くといえば、家の車で病院と近くをドライブするぐらいなのです。これでは老化や認知症が進行すると考えたのと、私たちも時々は外出したり、ゆっくりしたいと考えて、ケアマネジャーの方に相談して、デイサービスに行ってもらいました。最初は行くことを非常に嫌がりました。

デイサービスのあった日に、私が帰宅後、感想を母に聞くと、あのような老人ばかりがいて子供のような事ばかりをさせるところには2度と行かないと、大変な剣幕でした。まあそういわずに、こちらの人と友達もできるのではとなだめましたが、聞く耳を持ちませんでした。その後も、父や妻が言っても反対ばかりされるので、私が時々母の機嫌のよい時、デイサービスに行ってみたらと誘いますが、頑として聞きませんでした。結局、5〜6回ほど行きましたでしょうか。母のいない間にゆっくりしたいところが、帰宅してから母の愚痴を聞くのに疲れましたね。その頃は、母を説得して、行ってもらう方法がわかりませんでした。

ところが、介護施設に勤務してみて、デイサービス行きを反対していた理由がわかったような気がしてきました。

介護施設では多くの制約があるのです。利用者の皆様を見ていてなるほどなと思いました。介護施設は、集団生活ですので、寝たいときに寝て食べたいときに食べるなどの自由がきかないのです。

皆さまは、多くの日常の行動（夕食後に帰宅される利用者の方の場合は、お茶の時間、昼食の時間、歯磨きやおトイレ、休憩を入れて、レクレーション、お茶の時間、おトイレ等を済まされ、休憩、夕食の時間、歯磨き、おトイレを済まされご帰宅）をこなされ過ごされますので、自宅より相当行動的で運動量も多いと思います。よく質問されるのが、今日は、何時に帰るのですかと何回もお聞きになる方が多いことです。

しかし、母のように家にとじ込もり、身体も動かさずにじっとしていては、認知症も進行して自分も家族もつらいことが多くなります。

やはり、高齢で大変とは思いますが、身体をなるべく動かして人と交わり刺激を受けることは、認知症の進行を遅らせ、健康を維持する源になります。介護施設でも、お話をされ、身体を動かされる利用者の方は、元気を維持しておられます。

長い間の介護負担により、介護する家族が健康を害されたり、ストレスが高じて介護される方に当たったりして関係が悪化すれば、折角の家庭介護が崩壊します。私は、家族の健康の維持と介護を受けられる方の健康の維持のバランスの問題と思います。**家族が適切に休養が取れ、介護を受けられる方も健康を維持できるのですから、デイサービスやショートステイは、積極的に利用されるのが良いと思います。**

家族が説得してもデイサービスなどに行ってもらえない場合は、ケアマネジャーや信頼しておられる親族の方に頼んで上手に誘導してもらうのがよいと思います。

介護は、率直に言って大変だと思います。介護者側のストレス解消は大切な行動です。仕事で介護を考えない時間を持つ、趣味に通う、気晴らしに休みの日は外出する、介護の専門家に話を聞いてもらう、友達とおいしいものを食べに行き、愚痴を聞いてもらう、旅行などで、別世界に自分の体と心を置くなど、積極的に工夫をしてストレス解消をしてください。私ども夫婦もこの中のストレス解消法をいくつも実行しました。その結果、13年間同居を可能にしたのではと思っています。

今では介護保険による支援制度が充実しています。悩まれる前に、また悩んだ後でも、どうぞ、支援機関に遠慮なく相談してください。私たちが救われたように、「心配するよりまず相談」です。

第3章のまとめ

◎悩み解消について

「認知症高齢者のことで悩みがあれば、躊躇せずに先ずは、市区町村の高齢者福祉窓口か地域包括支援センターに相談です。」

◎認知症の方の生活を支えるために

「これまで親しんでこられた生活や思いなどについて、ともに喜び、悲しみ、笑い共感をし、よく理解してあげることが必要になります。」

◎認知症高齢者は自分への評価は理解されている

「相手が自分を尊重しているのか、あるいは軽く見ているのかといったことについては、私たちと同様のレベルで十分理解していると考えたほうがよいようです。」

◎認知症高齢者は物事を理屈で理解していくことが苦手

「認知症のケアにおいては、認知症高齢者は多くの場合、いくら説得しても、いくら言葉で説明してもなかなか納得してもらえることはないのです。」

◎説得より納得・信頼関係

「ある認知症の人は、親しい介護職員に対して「あなたの言うことだからわかった」「あなたの言うことだから間違いない」と素直に誘導されていきました。」

◎話は、熱心に聞いてあげる
「10分でも5分でも、時間があれば1時間でも3時間でもよく話を聞いてあげてください。きっと喜ばれ、心穏やかになられることと思います。」

◎認知症高齢者の介護はサービスの組み合わせ
「専門家に相談して介護保険のサービスを組み合わせて受けていただくことが、長く続く場合の介護も乗り切れることにつながります。」

◎認知症の原因や症状・治療を知る
「家族が、認知症高齢者の病気の原因や経過、症状、治療内容、今後の状態などについて知っておくことは、あわてず対応するために重要です。」

◎ストレス解消は何よりも大切
「介護者側のストレス解消は大切です。仕事で介護を考えない時間を持つ、趣味に通う、気晴らしに休みの日は外出する、介護を受ける方にデイサービスやショートステイを利用していただく等、罪悪感を持たない事です。」

勤務する施設で介護をした忘れ得ぬ方々③
野球少年は永遠なり

井上様（仮名）は、病院を退院されて、すぐに施設に来所されました。背の高い細身の異国風の方で、いつもニコニコしておられ、男性にしては親しみやすい雰囲気を持たれた方でした。

数日で他の利用者の皆様や職員とも仲良くなられました。最初は、職員が介護支援をしていましたが、程なく自立されました。職員がお茶をお持ちすると「いつもありがとうございます。」と丁寧にお礼を言われました。

職員達が、庭の花壇に水をかけるとフロアーのガラス戸を必ずたたかれ、笑みを浮かべ手を振ってくださいました。その合図で、他の利用者様方も花のほうに笑顔で振り向かれたり、手を振ってくださいました。

また、利用者様方をドライブにお誘いした時などは、井上様が「いやーこんなに美しい景色は久しぶりです。ありがとう」と心よりお喜びになりました。同乗の利用者や職員もつい笑顔になりました。

高齢の利用者の方には、特に優しい声をかけておられました。理由をお聞きしたら、「昔私の職場にいた人です。こんなところで会いました。」と話され、自分の近くにおられるときは、ちょっとしたお世話を焼いておられました。井上様は現役時代、営業所長を歴任され、大きな都市の営業所も立ち上げられ活躍されたそうです。

来所されて間もなく、私にも「こんなところで会って懐かしいですね。中学の野球部時代、あなたが先生に連れてこられ入部すると思い喜んでいたら、翌日には来られず大変残念な思いをしました。私に力があれば入部してもらい、一緒に活躍できたのに何もできませんでした。今も悔やんでいます。申し訳なかったですね。」と涙ぐまれて話をされました。昔の記憶と混濁されたのでしょう。

私はそれから井上様の野球部の後輩になりました。トイレにご案内して2人になった時などは、野球部の話で盛り上がりました。しかし、私が入部できなかった話になると、涙ぐまれました。その自然体あふれる素敵な姿を見て、職員同士で井上様のように人生を生きたいものだと話しをしたものでした。

井上様は、体調が悪くてきつそうな時も「大丈夫です。」と看護師や職員に返事を返され明るく振舞われる方でした。その井上様が、夏の終わりに誤嚥性肺炎と診断されました。職員も心配して部屋に伺い、声をお掛けしました。ある朝、施設長が具合は如何ですかとお聞きしたところ、珍しく「少し苦しいです。」と言われたそうです。職員の朝のミーティングで井上様の容態に気を付けるよう確認して間もなく、個室より「あー」と声がしたそうです。すぐに駆け付けたところ、息を引き取られました。ミーティング中だった職員達が井上様のそばに行き、お別れをしました。

井上様の明るく優しい心に寄り添い介護した職員達に、きっとお礼とお別れを言われたかったのでしょう。花壇より花を摘んで部屋に飾りました。

この朝、定期的に休みを取り面会に来られたご長男様とも、永遠のお別れをされました。

野球少年として厳しい練習に耐え、いつも笑顔を忘れず、周りに思いやりを持ち楽しい雰囲気作りをされる姿勢を貫かれた生涯。悲しくも高校野球の熱戦の試合終了のごとく余韻を残し、さわやかに旅立っていかれました。

（第３章参考文献）

・川崎医療短期大学学長　小池将文・元川崎医療短期大学教授　内田富美江・社会福祉法人みその　みその総合ケアセンター（仮称）開設準備室長　森繁樹監修「実務者研修テキスト６第４版老年期の疾病と認知症・生涯の理解」日本医療企画、２０１９年１８１ー２２７ページ、２３１ー３３２ページ、３３３ー３５２ページ
・山崎房一著『心がやすらぐ魔法のことば』ＰＨＰ文庫、１９９７年
・佐藤眞一『認知症の人の心の中はどうなっているのか?』光文社新書２０１９年
・介護福祉士国家試験『合格テキスト２０２０』中央法規出版、２０１９年

付記

新型コロナウイルスへの感染対策について

この本が出版される時点で、新型コロナウイルスの感染が終息している兆しは見えておりません。

介護施設に勤務する職員や私も、２月以来、相当の緊張感を持ち、感染しないことを最重点にして利用者様の介護を続けています。長丁場で疲れも出ていますが、終息

するまで気は抜けません。

読者の皆様もコロナ感染防止への対処の仕方を十分に実行しておられることと思います。

しかし、ご不安な場合には、ケアマネジャーや訪問サービスを担当している在宅主治医、訪問看護師、地域包括支援センター等に相談してください。

高齢者の方が居住されているご家庭を想定し、注意点を公的機関等よりホームページで発信しています。

ここでは公的機関等のホームページを一部紹介しますので、アクセスしてご活用ください。

◎日本在宅ケアアライアンス

ホームページからアクセスしてください。

動画「安心安全な在宅医療を願う人たちへ～新型コロナ感染症に備えて

パンフレット「あなたが 新型コロナウイルスなどの感染症の疑いがある場合、大切な家族を守るためにできること」

「在宅ケアにおける新型コロナウイルス感染対策について」（別紙１）在宅療養中の皆様とその同居のご家族へ「新型コロナウイルス感染防止に関するお願い」

（注）日本在宅ケアアライアンスは、在宅医療に深く関わる19団体により構成され、在宅医療を普及・推進させるための専門職団体による連合体です。

◎国立長寿医療研究センター

新型コロナウイルス感染症関連のお知らせページからアクセス可能です

「高齢者のための新型コロナウイルス感染症ハンドブック」

「高齢者のためのコロナウイルス対応の注意点」

（付記参考文献）

日本在宅ケアアライアンスホームページ「在宅ケアにおける新型コロナウイルス感染対策について

国立長寿医療研究センターホームページ新型コロナウイルス感染症関連のお知らせページに移動する

第4章

鼎《てい》談《だん》「優しく温かい超高齢社会を目指す」

辻 哲夫
（厚生労働省 元厚生労働事務次官／東京大学高齢社会総合研究機構 前特任教授 現客員教授／健康生きがい開発財団 理事長）

×

石井 統市
（介護福祉士）

×

〔兼司会〕
長崎 昇
（株式会社日本能率協会コンサルティング チーフ・コンサルタント／国土交通省国土交通大学校 講師／城西国際大学 非常勤講師）

超高齢社会とは何か

長崎　これから鼎談を始めたいと思います。日本能率協会コンサルティングの長崎昇と申します。よろしくお願いいたします。石井さんとは20年前に仕事を通じて知り合いました。その後いろいろな交流が続いております。本日は鼎談の進行役も兼ねてお話させていただきます。

著者の石井さんが本を書くきっかけをおつくりいただいた辻哲夫先生は、元厚生労働事務次官、東京大学高齢社会総合研究機構特任教授を歴任され、超高齢社会の対策の提言、仕組みをつくられ、皆さん広くご存じの地域包括ケアシステムの推進者でもいらっしゃいます。超高齢社会問題の第一人者です。

お二人は超高齢社会の対策をテーマにした出版を機会にお知り合いになられ、その後お互い団塊の世代同士ということもあって、交流を深めてこられました。今回の出版も辻先生が、石井さんがあるきっかけで介護の世界に入ったお話を聞いて、ぜひ介護現場の体験をもとに本を書いてくださいと勧められたそうです。

この本はお二人の超高齢社会の対策に対する非常に熱い思いが結集されていると思います。理論、国に対する提言と、現場の実践。対極にあるところが、一つの熱い思

辻 哲夫

いとして結集されている内容になっています。

　これから皆さんに知っていただきたいこと、気付いていただきたいこと等のお話も出てきますので、是非これから読んでいただく、読み返していただくときのガイドにしていただければと思います。

　では、自己紹介がてら、お話をいただきたいと思います。辻先生には、まず、日本における超高齢社会の現状と課題について、これは先生がいろいろな場面でお話されたり書かれてきた内容ですが、意外と読者の皆さま、一般にはまだぴんとこないという方もいらっしゃるので、辻先生には、超高齢社会をどう考えていけばいいかからお願いいたします。

辻　辻でございます。ご紹介いただきましたように、私は厚生労働省におりましたが、退官いたしまして、新しい生き方をしたいと思い、大学教員になって10年あまりです。役人とは違う仕事になりましたが、テーマはずっと同じ、すなわち超高齢社会の課題と解決策の問題に取り組んできました。

超高齢社会とはどういうものか。厳密には65歳以上人口が21％を超えると超高齢社会であると言われており、日本は既に21％を大きく超えていますが、問題の本質は、高齢者の高齢化ということです。今は人がお年寄りらしくなるのは平均的には75歳以降なのです。今は75歳頃までは、多くの高齢者はとても元気になっています。逆に言えば75歳以上の人口が増えることが非常に大きな課題でして、日本の最大の人口集団である団塊の世代が75歳を超えるのが２０２５年です。それが近づいています。

石井 統市

問題はそれにとどまりません。２０４０年に向けて、実は85歳以上人口が増えます。２０４０年を少し超えたころでは何と85歳まで生きる人がそれぞれの世代の3分の2程度を占めるようになります。従って、85歳を超えて100歳を目指す人口が大幅に増えるのです。

85歳以上といえば、もちろん個人差があって、とても元気な方もおられますが、平均的な視点で集団の属性を見ますと、要介護レベルに入りつつあります。85歳以上の人口集団

長崎 昇

がものすごく大きな集団になるということは、これまで経験したことがない社会で、これをどのように迎えるのか。それが大都市圏で集中的に起きます。しかも一人暮らしと夫婦だけの高齢者世帯、これが中心になるのです。かつてのような多世代同居はわずかです。

介護保険制度もできましたが、今までの延長の体制では受け止めきれない大変な状況が来つつある、ということをまず認識すべきだと思います。

これからは85歳以上まで長生きする社会ですので、病気だけではなく、人のお世話になる介護の問題が大きな問題になります。若い人が減って人口が減少する中で、介護の問題が医療以上に大きな課題になっていくと思います。

もう一つは、そういう時代ですから、われわれの人生観そのものを変える必要があります。要するに65歳を高齢者とはもう言わない。日本老年医学会も75歳以上を高齢者とし、65歳以上75歳未満を准高齢者としています。そして、75歳以上でも元気で活躍できるようにしたい。一番よい方法は、生涯現役。体力に応じてですが、長く働き続ける社会です。

今は法律的にも70歳まで働くことを目指すこととなりましたが、東京大学でジェロントロジー、高齢社会総合研究という学問を私に教えてくださった秋山弘子先生は、意欲のある方は85歳くらいまで働いてもいいのではないか、とおっしゃっています。

このように、われわれの生き方も、社会のシステムも、大きく変えていかなくてはいけない、ということです。

こういう非常に大きな課題が2025年から幕が上げられ、2040年に向かってまっしぐらです。この間に日本社会が頭の切り替えと、社会の仕組みの切り替えに成功するか、そのことが次の社会の姿に大きく関わります。失敗すれば日本の経済発展、繁栄の結果獲得した超高齢社会とは一体何だったのか、ということになりかねません。こういう重要な時期に差し掛かっているということを申し上げたいと思います。

長崎　非常に詳細に超高齢社会の現状と課題についてお話いただいたと思います。辻先生と著者の石井さんは、2カ月に1回はディスカッションをして、この問題を考えてこられたと聞いています。石井さんはこの本の中で、家族による介護の在り方、具体的に役に立ててほしいノウハウも披露しています。それは自分の介護経験を経て、また介護の勉強をして、介護施設で働いていることを通じて、ご自分なりに会得したものをさらに、これから介護を始める方、あるいはされている方に対して、分かりやすく伝えたいという思いから本をつくられています。

この本にはメッセージが二つあります。まず家族介護の在り方、楽にできる、知ってほしいノウハウを具体的に伝えていることです。そして、石井さんご自身が、70歳過ぎてなお現役で、非常に厳しい介護現場の中で経験を積まれ、自分の夢を持ってチャレンジしていく、やり残したことをやり遂げる思いで仕事を続けることの大切さ、価値もこの本の中で伝えているのではないかと思います。

石井さんには、介護の仕事をされるきっかけになったことをまず、ご披露いただきたいと思うのですが。

介護はもっと楽になる

石井　私が若いころは、介護が話題になることはありませんでした。きっかけは病気をしたことだと思います。今から6年近く前に病気をして、このまま命がなくなるのではないかと思ったのです。幸い、そうならずに、こうして元気で助かりました。それで、これはやはり命は限られていると。ずっと仕事をし続けて、定年後も出版社に入り、68歳まで仕事をしていましたので、自分の体も健康のままずっと続くものだと思っていたのです。命に限りがあることをそのとき、本当に真正面から受け止めざるを得ない状態になったのです。それが一つです。

それとその出版社で、ある官僚と話していましたら、日本はこのままいけば高齢者があふれかえって衰退していきますすよ、という話を10年くらい前に聞きました。本当にそういう流れになりますと言うので、いろいろ考えまして、超高齢社会の対応策の本ができないかと、本の企画を考えたのです。これは国や産業界挙げて、国民が取り組まないといけない大きな問題だと思い、出版の準備を始めていき、私も参画したのです。

ではその高齢社会について話を聞ける人はいないかと思い、厚労省に県人会で一緒で、知り合いだった当時、審議官の高倉さんという、とても人柄がいい方がいました。彼に、日本の高齢社会の話をしていただくいい人が誰かいませんか、と聞いたら、以前彼の上司だった東大の辻先生以外にいませんと言うので、辻先生にお願いして原稿を書いていただいたのです。

その原稿をもらいまして、読んだのですが、読んでいるうちに、涙がこぼれてきまして。こう書いてあったのです。「リタイア後の団塊の世代の新しい生き様を、後に続く世代に示せるかどうか。その姿勢が今問われている。いよいよ革命世代になれるかどうかが、まさに今問われているのです」と。

私も案外、感激屋でして、読んでいるうちに感動して、これは団塊の世代がみな定年退職して地域に根付いて、地域のために尽くさないといけないと思い、そこでちょうど病気上がりでもあったし、会社を自分勝手ながら辞めさせていただき、介護の世界に入った、ということなのです。

もちろん親の介護を13年間ずっとしてきたことも、根底にはありました。

長崎　超高齢社会に対する対策として、団塊の世代の役割であり仕事である、あるいは自分自身が身をもって切り開いていく、新しい道をつくり上げていくことだという話ですが、辻先生が石井さんに本を書くことをお勧めになった理由がその辺にあるのかと思いますがどうなのでしょうか。

辻　私は、最初は出版社の役員としての石井さんとのお付き合いであったわけです。シリーズで超高齢社会のあり方を論じる本のお手伝いをしておりまして、節目節目でお会いしていたのですが、ある日来られて、会社を辞めますという話を聞いて、本当に驚きました。非常に強い決意がうかがわれて、慰留する話ではないなと思いました。正直、石井さんのように優秀な人なら出版社を通じてもっと社会に貢献できると思っていたのですが、非常に強い決意で新しい人生を歩まれるなら、またこれからもご縁が続きますねという感じでその日はお別れしたのです。それで、最初は大変だったと思いますが、落ち着かれてからまた、定期的に私の研究室においで頂くようになったのです。

私は、常々、先ほど申しましたようにこれからの社会においては、介護の問題が大変大きくなっていくということに取り組まなくてはならない、それからやはり団塊の世代の一員として、本当に個人的な心情としても、我々が何らかの形で社会に貢献し後世に背中を見せる義務がある、という気持ちになっていましたので、石井さんの生き様はその典型モデルだと思ったのです。これは私にとっては一見偶然の出来事なのですね。石井さんが歩まれた人生、たまたま突然病気で死に直面したこと、そういう経験を経て、人生の方向を転換された。信頼する親しい方がこのような劇的な生き方をされているのだなと気が付きまして、これは偶然の出来事ではない、やはり何かこのことを社会に示された方がよいと思いました。

今後介護の問題は重要だ、団塊の世代が今後どう生きるべきかということも大きな課題だということは、一応みんながそうだね、と思うことなんですね。だけど、そうだね、で終わっているわけです。石井さんはそれを実践しているのです。これぐらい説得力のあるものはないです。ですからこれは是非、本にするべきだと私は考えました。そういうことで今回、お忙しい中で、体力的にも大変な中で、ここまでこぎ着けられた石井さんは、大したものだと思います。

長崎　先生がおっしゃられたように、団塊の世代がこれから75歳になって、そこで背中を見せていく。その後ろに私たちの世代もあるわけなのですが、それは日本にとって重要なことだと改めて思います。石井さんは猛烈なサラリーマン生活をされ、会社役員を経て、介護の世界に飛び込み、介護福祉士の資格まで取られました。実際、ご自身の両親の介護を行い、介護の勉強をされてからは施設で働いたことを通じて、これから介護を始める方、しなければいけない方、実際に介護の中で悩んでいる方に対して、この本を通じて一番伝えたいことは何でしょうか。

石井　とにかく介護する人に楽になってほしいということなのです。私の13年間の介護の体験からすると、介護は本当にきつい仕事なのです。これはした人でなくては分からないと言われます。横から見ている人は、ご苦労ですねとおっしゃいますが、やっている人は本当にきついです。きつい経験を夫婦で13年間やった後に、特に辻先生に後ろから押されて、やはり介護を今からする人、しなくてはいけない人が楽になって、楽な介護をしてほしいと痛切に思います。

介護をしている人は悩んでしまうのです。介護をしていると悩みばかりです。だから、悩んだらすぐ専門家に相談を、と考えています。

「家族介護の時代」家族こそ最良のケアマネジャー

長崎　それを一番伝えたいということですね。石井さんは、介護施設で働く経験を通して「家族介護」の必要性、ということに触れていますが、辻先生の「家族が最良のケアマネジャー」という、非常に大切な言葉を発信されていますね。やはり家族がケアする大切さを強調されているのだと思いますが、この辺りに、これからの家族介護の在り方の基本があるように思えますが、辻先生、どうでしょうか。

辻　石井さんは家族介護という言葉を使われていて、これはとてもよい言葉ですね。それを私なりの理解で説明したいと思います。歳を取ったときに、これまで日本では、家庭は三世代同居が一般的で、高齢者とその次の親子世代の三世代が一緒に住んでいるのが普通でした。そういう世帯に住み続けることが一番幸せなことだというイメージが、家族介護という言葉にはあると思います。ですけど、社会は非常に大きく変わってきています。その中で、家族介護が意味するものは何かです。本当に住み慣れた家、これは借家でもいいのですが、家族介護とは、その住み慣れた自分らしく過ごせる環境で、家族と繋がりながら安心して過ごせる、ということだと思うのです。

これまでのライフスタイルでは、三世代が同居して、子どもたちも一緒になって応援してくれる、というのがベストとされてきたと思います。しかし社会は変わってきました。2025年、もう間もなくですけれど、予測では高齢世帯の4割近くが一人暮らしです。3割強が高齢者夫婦だけの世帯です。多世代、すなわち子どもと同居の世帯は残り3割くらいしかない、という社会に変わってきています。その中で、いずれのパターンの高齢者世帯であっても家庭的環境で自分らしく安心して過ごせることが、やはり大事なのだと思います。

同居している子どもたちが世話をしてくれる、今までのわれわれの親の世代にとっては、それは一つの理想でした。しかし団塊の世代はむしろ、子どもには迷惑をかけたくない、という気持ちがあって、夫婦だけや一人暮らしになっている人が多いのです。

この場合のあるべき姿というのは、自分の住まいでその人らしく、家族も何らかの形でかかわる中で家庭的な雰囲気で過ごし続けることだと思います。家族介護というのは、このような幅の広い概念だと思うのです。

つまり、たとえ一人暮らしや夫婦だけの高齢者世帯であっても、家族がやはり一番です。やはり子どもが一番、お父さん、お母さんのことをよく知っているのだし、お父さん、お母さんも子どもには心を一番開きます。だから親と子どもとの関係性がメンタルな対応という大切な面を含めて切れないようにしなくてはいけないし、子どもが親の世話をするのは大変だと言ってそこから逃げるような社会になっては、とんでもないことになってしまうと思います。それは日本の国の形が内側から崩壊するといってもよい大変なことです。つまり、一人暮らしや夫婦だけで子どもと別居していても親と子どもがしっかり関わり合うことも家族介護ということだと思います。このような意味で、今後とも家族の役割は不変であり、今後ますます重要であるといえます。

石井　そうだと思います。

辻　したがって、今後は、公的な在宅介護サービスを上手に使いながら、しかし親のことを一番知っている子どもが介護に関わって、子どもは自分の仕事は続けながら親の介護にも関わり続ける、というのがあるべき姿だと思います。それが現代の家族介護だと思いますし、そういう方向を示すことが大事だと思います。やや大げさな表現になりますが、このような意味での家族介護の支援体制の構築は、国を守ること、つまり内なる国防ともいえます。

私が最良のケアマネジャーは家族だ、と言ったのは、実際のケアマネジャーさんは、忙しい中で担当する高齢者に関する断片的な情報を基に考えながら介護支援をしているわけですが、その情報は実は家族が一番、知っているわけです。ですから家族が関わりながら公的な介護サービスが入ることが一番いいはずだと思っているのです。

世の中の人に、そのことをちゃんとわかってもらうためにも、石井さんの経験を知ってもらい、生かして欲しいし、介護はやり方次第なのです、しっかり専門家の支援を受けてください、ということもはっきり石井さんはその経験から断言されているのです。これは重い言葉です。

介護の専門家の人たちが、遠慮しないで介護サービスを使ってください、とおっしゃるのは当然ですが、石井さんのように家族介護を必死にやった親孝行の人がそのことを言っている、ということが大きいのです。そういうようにこの本を受け止めたいと思っています。だから家族は最良のケアマネジャーのようになって親の介護に関わってほしいのです。

長崎　少し余談になりますけれども、今朝のニュースを聞いていても熱中症の報道が多いですが、高齢者の80％が夜クーラーを切ってしまい、それで熱中症になって不幸な結果になるという記事がありました。物理的に離れていても何らかの形でケアができるのは、やはり家族だということかもしれません。

辻　そうなのです。ケアマネジャーさんや外部の介護関係者だけでは、高齢者の方々にクーラーをちゃんとつけていますか、と常時フォローはできませんよね。

長崎　できないですね。

辻　子どもは常に親のことを気にしているので、自然に何らかのかたちで注意を促したり、様々な気遣いを行います。それはやはり家族だからできることです。そういうことがぶっつり切れてしまったら、とんでもない社会になると思うのです。やはり家族に学んでいただきたい、という思いで、この本を活用していただきたいと思います。

石井　長崎先生が今おっしゃった、高齢者の8割が夜クーラーを切るという話ですが、私たちはそれを理解できないですよね。もしかすると生活費用が掛かり過ぎるから切って使ってしまっているとか、あるいは扇風機でいいから、ということではないかと思います。私がいま介護施設に勤めている経験から言うと、うわあこの個室の温度は暑いなあ、ということなのです。それでクーラーつけましょうかと言っても、いや暑くない、と高齢者の方はおっしゃるのです。それぐらいやはり身体的に変化がすごく起きていて、ご本人が暑さを感じられなくなっているのだと思います。

　ということは、辻先生がおっしゃるように、こういうことは子どもがケアをして欲しいですね。本人は暑くないと感じていて、その中で部屋の温度が30何℃になっていたら、それは熱中症で倒れてしまう危険があるわけですから。

きつい介護には笑いが特効薬

辻　この本の魅力ということにもなると思うのですが、例えば認知症の人の家族にとっては厳しい介護が強いられると皆思っているし、それを実践された石井さんもそうおっしゃっているわけですが、家族が認知症というものを正しく理解したら、家族は最良のケアマネジャーになれるわけです。自分が日々直接に解決できることは限られていても、親の認知症を正しく理解して、最良のケアマネジャーになっていくことが大事、ということだと思うのです。そういう意味で、親の介護を行うのには、身内が一番身近な存在であるわけですから、介護が必要な原因となった事象、ここでは認知症ですが、それについてしっかりと学んでそれを十分理解した上で、専門職とともに親にどうかかわっていくか、ということが大事なことなのです。そういうことを教えてくれています。

長崎　認知症については本の中でも1章を使って書かれていますので、詳しく見ていただければと思います。

この本の特徴は、介護のための心の準備、という章もあって、これも著者の石井さんの経験からにじみ出たものです。石井さんもおっしゃっていましたが、高齢者は老化で心や体が変化していく。先ほどの温度に対して敏感に反応しない、ということを、実は介護する側が理解していない。このギャップをいろいろな例を挙げて書かれています。介護をしていて気付くことがたくさん、これから出てくると思います。

実際に心の問題については、まずは理解をすることだと言っています。特に介護をする中での、「笑い」の効用について触れています。ところで私がある教育で関与した滋賀県守山市のゆいの里では、いたるところに「笑いを大切に」というスローガンを掲げていました。守山市と提携して2千人のボランティアを活用するなど、積極的に工夫をしていました。やはり高齢者を相手にしていくとき、あるいは自分自身のためにも、笑顔が大事なことなのだと石井さんは繰り返しいろいろな例を出して話されています。笑いの重要さについてどう考えていますか。

石井　介護施設に私が行くときいつも、こんにちわと言って蟹の形をやるのですね。最初のうちはストレートに笑ってくださる方はもう「あっはっはっは」と笑ってしまわれるのです。ところが中には、まだ意識のしっかりした人は、何てばかなことをして、と思われていて、だけどそのうち2回、3回、10回とやっていくうちに、そういう方まで私が来るのを期待しているのです。それで私がこうやると、もうみんな笑い出してしまうのですね。（笑い）

これは私が両親と13年間生活しているときに、非常に反省したことなのです。私も仕事人間でして、朝から晩まで仕事をして、両親、特に母の体が弱くて認知症がありましたので、どうしてあげたらこの苦労した両親を私たち夫婦が大切に世話をできるのかと、常にそんなことばかり考えていたのです。それで、母が認知症なのでまたとんちんかんなことをするわけですが、そうすると何でこんなことをするのかと、私は母に何とか説得しようとしたり、小言を言うわけです。これは私が、例えば介護される側の気持ちが分かってなかった、ということなのです。50歳を過ぎて体力は落ちているところに、仕事の上に介護となるとイライラしますが、これでは何の解決にもなりません。きつい介護には笑いが特効薬でした。

これは私だけでなく、大概の皆さま、本当に介護の勉強をなさった方や専門職に就いておられる方以外の方は、ほとんどお分かりになってないと思います。学校教育から社会に出ても、介護の勉強というのはこれまでしたことがありませんから。

一般の人の常識で説得をしたところで、認知症や介護を受けておられる方には理解できないですし、理解することは苦しいです。自分が日ごろ、例えば半身不随であちこち痛いのに、小言を言われても聞きたくありませんよね。自分が生きているのに精いっぱいなのですから。私は介護施設に入って、この方々は何を一番喜んでくださるのかと、介護しながらずっと考えてきました。

それで、どうもこれは笑いではなかろうかと分かったのです。特にいま80代から90代、75歳以上の方は、皆さま間違いなく戦争中爆撃にも遭って怖い思いをなさり、戦後はひもじい思いをなさって日本の発展を支えてこられました。やっとここで一息というときに病気になって非常に不自由な体、あるいは認知症になられています。

辻先生がよくおっしゃる、人生の最終章をどう生きていただくか。これは笑いではないか、と思い当たったのです。私は実は、あまり面白くないタイプの人間でして、サラリーマン時代は、普段もそんなに笑い話もしませんでした。長崎先生も病気をなさってから寄席を見に行ったりして、面白いですよと話されていましたから、これだと。それなら私が子どもになって高齢者の皆さん方に喜んでいただこうと考え、やめて下さいと言う妻を実験台にして、いろいろ工夫して取り組んでいます。するとと本当に喜んでもらえて、私がこうやってふざけた格好をするとみんな、大笑いされるのです。（笑い）

職員としてこれまでしなかったようなことをするものだから、変なおじさんとか言われますけれども、高齢者の方からは非常にうけているのです。うけるものだから私もうれしくなってしまって、毎回、行く度にやっているのです。（笑い）

笑いが出ると、その時点から利用しておられる高齢者の皆さま方は和やかになられます。介護施設に来られている高齢者の方々がだんだん柔和な顔になられていく。これは、ものすごく大きなメリットではないだろうかと思います。

家族間では、私がしでかした小言や注意などの間違いを大概されると思います。子どもの方から親に対していろいろ小言を言ってしまう。あるいは、どちらか伴侶が介護を受ける側だと、片方から言ってしまう。これはやめた方がいいというのが私の考えです。ですから是非、笑いをもって家庭の中を明るくしていただきたいのです。

長崎　石井さんは介護されている高齢者の方からはお兄ちゃんと呼ばれていて、とても人気者だというお話を聞いていたので、サラリーマンをしていたころの石井さんからは想像できなかったのですが、こうお話を聞くと、光景が目に浮かんできますね。

辻　もともと石井さんには、物事のツボに気付いたり、行動する素質がおありだったのだと思うのです。少し堅い話をしますが、ＱＯＬという言葉がありますね。クオリティ・オブ・ライフ、「生活の質」と訳されています。これからは医療においてでさえ、ＱＯＬ、要するに病気が治ればいい、治療さえうまくいけばいい、ではなく、その人の生活の質がいいかどうかが一番の課題であって、それが今の社会の非常に大きな目標概念なのです。

ではＱＯＬを具体的に表すものは何か。いろいろな指標があって、たいへん難しいのです。私は仕事上の長い経験での学びを経て、一刀両断に、それは笑顔だと思っています。笑顔が出るかどうかです。これがその人の生活の質が確保されているかどうかの基準だと考えています。学術的にももっと笑顔の研究をしなくてはいけない、と考えています。そういうことを考えていると、石井さんが気付いたことは、本質的なことなのです。

ですから、石井さんは本当に自分で気付いて確信したことを行動されてきたので、とても大切なことを言っておられると思います。その笑顔をどう持っていただけるのか。しかも多くの方が認知症です。石井さんも書いてらっしゃいますが、認知症の方に理屈を説いても全く伝わらないのです。そういう方が笑顔を示すような気持ちになるにはどうしたらいいか。本当に重要なことを話されていると思います。

「笑い」をキャッチフレーズにされる2つの介護施設

石井　辻先生がおっしゃるように、笑いは非常に生活の質を高めるキーポイントだと思います。とにかく介護施設においては職員は忙しくて、そんなに笑いがないのです。だから私はずっと自分でおかしなことばかりして高齢者の方に笑っていただく、それで非常に喜ばれ、やはりこれなのだなと思いながらやってきたのです。長崎先生からゆいの里の話を聞いて、「昨日笑いましたか？　今日笑いましたか？　明日ゆいの里で一緒に笑いませんか」と先生からもらったパンフレットに書かれているのを見て、自分のやっていたことが間違いなかったとわかり、本当にうれしかったですね。

30数年間、滋賀県で毎年2000人のボランティアが、毎月100人でも1200

人ですから2000人というのはすごい数ですが、この介護施設にはそれだけの方々がボランティアに馳せ参じてこられ、廣田加代子理事長さんも職員を大切にされるから、全く辞めないし、出産等で一回辞めた人もまた復帰されると聞いています。職員の方にゆとりがあるから笑いがこぼれるような介護施設になったのだということです。私はこの笑いの効用をゆいの里のキャッチフレーズで確信したのです。

また、3年前に本を読んで、ホントに書かれていることが実践されているのかなと思い、介護職員として見学申し込みをして、関西まで見学に行きました。フジモトゆめグループとして、特養やグループホーム、デイサービス等や地域包括支援センターを運営されていました。

尼崎市にあるゆめパラティース（パラティースとは、フィンランド語で楽園）「ゆめの楽園」という特養を見学したのです。なんと藤本加代子理事長さんが出迎えてくださいました。説明を受け、施設の見学をしました。絵が沢山掛けてあり、施設はとにかく明るい、いや利用者様や職員の方々もとにかく明るく、笑顔の挨拶が印象的でした。介護保険施設で、ゆめの楽園などと言っても大丈夫かなと他人事ながら思い見学しました。でも高齢者の皆様にとり、楽園になっているなと感心しました。

今回、本を書くにあたり、どうも気になり藤本加代子理事長さんの書かれた本を読み返していたら、「5つの笑顔」を法人理念として掲げておられましたね。忘れていました。だから、見学した時に皆さんすごく明るかったのですよ。その時も利用待ちの状態と聞いていましたが。誰でも明るくて楽しい施設に入りたいですよ。

偶然にも、お二人の加代子理事長さんが、笑いのすばらしさを私に教えていただいたので、いま恥ずかしさも忘れて、勤務先で踊ったり跳ねたりしているのでしょう。

花は高齢者の心をいやす

長崎　本の第一章に、石井さんが花壇に花を植えたと書かれていますね。自分が働いている介護施設に花が少ないので、こつこつ花を植えていたら、利用者の娘さんの寄付で一度にたくさん一緒に植えたと、これも私は感動したのですが、四季折々の花というのはやはり、心が安らぐ、癒やされるものなのですね。

石井　はい。よく極楽天国は花に囲まれた世界だと、物語などでは言われていますよね。私の両親はとても花を好きで、わが家に来てもらったときも花をよく植えたりしていましたし、その花を花瓶に生けて家に飾ったりしていたのです。

それで、あまり花の咲かない季節でしたので、ボランティアで花でも植えようかなと思い、実はそれまで、私は庭の掃除もしたことがないぐらいで、全部妻任せだったのですが、お花を買ってきては植えていたら、高齢者の方からとても喜ばれるようになったのです。ある利用者の方から石井さん花を見て悪く言う人は誰もいませんよと教えてもらいました。至言だと思いました。

大きなダイニングフロアの窓からベランダの花が見えるので、それをじっと見ておられる方々がおられるのです。「あ、昨日2つ花が咲いたけど、今日は5つ咲いてるわね」などと言って、利用者の方同士でお話がはずむのです。

辻先生がおっしゃる人生の最終章をいかに充実して笑顔で旅立って行かれるか、ということなのですが、私はそのためには、こういう環境がやはり必要ではないかと思ったのです。お花に囲まれて、日々笑いがあって、穏やかな温かい気持ちでお過ごしになられ、そうやって最期を送ってくださったら、少しでも自分の人生がよかったかなと思っていただけるのではないかと。そういう何気ない仕掛けがあることで、高齢者の方はとてもお喜びになっているのです。

家族介護のコツを身につける

長崎　笑いや花が習慣として溶け込んでくると生活も変わってくると確かに思います。そういう心の在り方、介護する側の考え方や姿勢も、この本には気付くことがたくさんあります。加えて2章や3章では、実際に家族介護で実践すればもっと楽になるという提案をされています。例えば、食事のサポート、排泄や入浴等々。石井さんの介護体験や、プロとして体験を通じて、家庭ならこれを少し取り入れた方が楽になる、という話を繰り返しされていますね。技術的なノウハウも含めて、強調したい点はどんなことですか。

石井　家族介護のコツ、ということで章立てしていますが、これは私が6カ月間、全日制の介護学校に通ったときに思ったのですが、教科書は難しく書かれているなということです。専門家を養成するための教科書ですからね。私は教科書で勉強して、本当に毎日目から鱗の連続だったのです。今まで勉強したことがなかった、そうだったのか、と非常に深い理解ができ、毎日驚きの6カ月間でした。

それで私は、教科書の中にあるエッセンスを、一般の方に分かりやすくした方がいいのではないかと強く思いました。専門用語が多くてなかなか一般の方は分かりにくいからです。いろいろな文言を引用させていただき、本作りを進めました。

例えば日常生活の中で、先ほど辻先生がおっしゃっていたQOL、生活の質のことですが、これも専門用語なのでそのまま使うと難しく感じられます。日常生活動作は、朝起きてから夜寝るまでの多岐に分かれた動作のことで、私たちは生活習慣化されて無意識のうちにそれをやってしまいますが、実は障害を持たれていたり認知症になられた方には、一つ一つの動作が大変なのです。

例えば歯磨きをする、お手洗いに行かれれる、食事をされる、書斎に行かれ、そして間違いなく床に就かれる。これができなくなると、全ての動作が分断されてしまう。介護する家族の方は大変な思いをされます。それで、要所要所を抜いて、特に大変な部分、例えばトイレの問題。私はいま毎日、何人もの方のお世話を、延べ20～30人になると思いますが、させていただいています。異臭もしますし、なかなか人に見せられないこともして差し上げないといけません。食事も一人で出来ない場合は介助して差し上げないといけない。このようなものをポイントだけ抜き出して、読者の皆さまにご理解いただけたらと思って書きました。

認知症を学べば介護は楽になる

長崎　この本に書いてあるエッセンスは、先ほど目から鱗という言葉もありましたが、家族介護にも役立てていただきたいですね。その次の章では、認知症について取り上げています。これも非常に大きなテーマだと思いますが、ここでもやはり大きいのが接し方です。これもお母さまの介護体験、今の施設での現場での体験を織り交ぜて書かれています。聞くところによると認知症の方だけのフロアも担当されていると いうことです。この中で印象に残ったのは、やはり相手を絶対否定しない、最後まで聞いてあげる、同じ話をしていても興味を持って聞いてあげることです。なかなかこれも実際には難しいことだと思いますが、どうなのでしょうか？

石井　簡単に言いますと、私が母親に対して説得に次ぐ説得をしていたとき、とても時間がかかるのです。決して分かりました、あなたの言うとおりです、とは一切言わないです。自分の主張を延々とするのです。それを説得していると途中で物別れで終わってしまう。何も残らないのです。疲れがどっと出るだけで、得るものはないのです。今それを反省を込めて思います。何と無駄な時間を使ったのかと。もっと認知症のことを今のように知っていたら、１００分の１ぐらいの時間で済んだのではなかろうかと思います。オーバーかもしれませんけれど。私はいま介護施設でも認知症の皆さま方の介護をさせていただいていますが、全て受け入れているのです。

もし、だまされても何も被害はないのです。例として、私は会社を経営していてうまくいったとか、どこそこの有名女学校を出たのよと、たとえ事実とは違うことを言われてもそうでしたか、すごいですねとほめてあげればよいのです。その方の願いが心の中で現実になっているのかもしれません。人は、皆果たせない願いを沢山持って生きているのですから。人生の最後ぐらいは、みな同意して欲しいですよね。

例えば、ご飯を食べてないと、つい5分前に食事を終えた方がよくおっしゃるのです。これは認知症で少し前の記憶がなくなるという中核症状の一つなのです。ご飯食べてないとおっしゃると、家庭では大概、さっき食べたでしょう、ときつく言い出すわけです。いいえ食べてないと。もう延々と続きます。平行線をたどる以外ないのです。このつらさは体験した人でなくては分からないです。決して介護される側は認めようとしません。食べたという記憶がないのですから。それを常識的に食べたでしょうと言っても、全く世界が違うのです。片方は記憶にない、食べていないと話す。もう片方の現実世界では食べたと言って指摘する。現実世界が認知症の世界では通用しないことをはっきり理解されないと大変なご苦労をされます。家庭崩壊してしまうぐらいご苦労されることを理解していただきたいのです。認知症はまず勉強をして、理解をしてから介護に当たることをぜひともしていただきたいですね。

50時間でも100時間でも勉強して、実習もすれば、ある程度、理解できるので、認知症の対応の仕方が分かります。それをしないで何千時間も無駄にされたらお互い不幸だと思います。

長崎　辻先生は認知症に関して発信していること、お考えはあるのでしょうか。

辻　実は、私の場合、両親ともに70歳代で亡くなり認知症に関する身近な経験はなく、正直言って私の耳学問中心の知識なのですけれども、それによると、認知症への対応については長い間、みんなが介護の世界で悩み続けた結果、いま石井さんがおっしゃったことにたどり着いているのです。ひと言で言えば、受け入れる、ということだと思います。

要するに、相手を受け入れることが第一で、それからもう一つ大事なことは、石井さんもしっかり書かれていますが、その人のプライドや誇りというのは、どんなに認知症が重くなっても失われていないようだということです。この二つのことが、長い各分野の経験から得られたことです。

もちろん脳の生理学的な研究からもさまざまな分析・理解も進んできています。では実践レベルで、どういう形で受け入れるのがよいか、どういうことがよくないのか、ということになるわけですが、そう簡単には習得できない。それを石井さんは経験に照らして書かれているので、われわれはそれをよく学びたいと思います。

理屈は分かっても、では実際、それを実践できるかどうかは別なのです。

石井　例えば、認知症はだんだん程度が悪化していきますので、いろいろな事象が出てきますが、ご飯を食べていない、とおっしゃる認知症の方が往々にしてどこの家庭でも出てきます。それに対して「ああ、すみません。じゃあ今からお釜にお米を入れて、お米を研いでから炊きますすね。おかずもつくります。待っててくださいね」と申し上げますと、「ああ、本当」と言って、その方も笑われるのです。「仕方ないわね。それなら待っているから」と言うのですが、5分後には完全にそう言ったことも忘れてしまっています。「ご飯まだ?」とは言わないのです。そういう会話をした記憶さえ無くなってしまっているのです。そのように、いかにその場で対処していくかをぜひ学んで欲しいのです。

認知症には専門職の知恵や手を借りる

長崎　こういう難しい場面に直面したときにはやはり専門家や専門機関に頼ることも大事なことですね。

辻　そうだと思います。石井さんがおっしゃっていることの結論は、自ら家族介護を経験した上で、なおかつプロはそれをいわば極めているわけですから、プロの支援を受けることを恥ずかしいことと思わないこと、むしろ積極的に勧める、とおっしゃっていますね。これも非常に重い言葉だと思います。結局、介護というのは、とても難しい状態になった方が快適になるようにする一つの専門性が必要な分野になっているということなんですね。従って、介護の専門職がとても重要だということを逆におっしゃっているわけです。

介護というのは歴史的にみんながやってきたことだということをよく言われますけれども、最近のように認知症に長くかかって、だんだん力が衰えて亡くなっていくという経験は歴史的にはかつてはそうなかったことなのです。昔はそうなる前に亡くなっていたからです。ですから、その意味で、今日、高齢者の介護、ケアというのは高い専門性が必要になっていることが分かってきています。介護職の人をきちんと育てて、しかも必要なときに支援していただけるという体制を前提にしながら、認知症の人の家族が認知症を正しく理解する、という関係性が非常に大事だということなのです。石井さんが、専門性のある介護職が本当に重要だと言っていらっしゃることを、この本から読み取るべきことだと思います。

石井　辻先生、２０２５年問題で、厚生労働省からは予測として７００万人前後の方が認知症になられるという推計を出していますね。

辻　そうです。２０２５年に７００万人強というのが今の予測です。

石井　ということは、今年の９月21日時点で３６１７万人が65歳以上といわれていますから、７００万人というのは大変な割合ではないでしょうか。ということは、身近に認知症の方がいることが普通になる。ですからやはり、その介護をする立場の方、家族の方にはなるべく、認知症について勉強していただいた方が良いでしょう。

辻　現在の認知症の有病率は85歳から89歳で４割、90歳から94歳で６割、95歳以上で８割といわれています。85歳以上人口が増えるということは、さらに大幅に認知症が増えるということです。だから認知症を学ぶことと、認知症に対応できる専門職の支援を上手に受けること、これがやはり今後の基本ですね。

石井　おっしゃるとおりだと思います。

介護職員は「国の宝」処遇改善を早急に

長崎　石井さんは、介護を提供する側として、プロとして働いていらっしゃいますが、一緒に働いている方々、若い方が多いと思いますが、その現場を見て、どのような課題を感じておられますか。現場で何を感じて辻先生に提言されたり、お２人で議論されているのかを聞かせてください。

石井　私は４年前に介護現場に入りましたが、その前に６カ月間、介護学校で習ったことと、いざ実際に目の前で実践することとの違いなのですね。

例えばこれは、すみません、排泄の話になるのですが、老人の方はどうしても便秘になられる方が多いので、下剤を飲まれるのですが、そうすると半身不随や寝たきりの方のおむつがべたべたになってしまいます。それを若い職員が恥ずかしくなられぬように本当にやさしく処理をしていくのです。介護される側のおじいさんやおばあさんがかえって、ごめんね、申し訳ないね、と言いながら、きれいに洗ったり拭き取ってもらったりされるのです。この若い方々は何と美しい気持ちで高齢者のお世話をしてくださるのかと、私は最初のころは見ていてよく涙がこぼれました。

やはり本当に心の美しい人たちが介護業界に入ってきてくださっているのだと思います。20代から30代、40代、50代くらいまでが主力ですけれど、夜勤も月に4、5回は最低あります。それにもかかわらず給与所得は全産業より平均で10万円も安いのです。

これはどういうことなのか。自分の大切なお父さんやお母さんや伴侶を、私たちの代わりに預かってもらいながら、生活にゆとりもない給料で働かれている方々に申し訳ないと私は強く思っているのです。

母が介護施設にいるとき、私はよく「私たちの代わりにお世話してくださってありがとうございます」と夫婦であいさつしていましたが、その方たちの収入が低いままで、現在までできているので、職員の離職率も高いです。

ですから私は辻先生に、10万円と言わずもっと給料を上げられないものか、この人たちがこれからの高齢社会を担う人たちなのですから、もっと国民が目を向けて大切にしてあげないといけないのではないか、としつこく言い続けています。

長崎　この課題は長い間言われてきていますね。どういう提案ができるでしょうか？

辻　石井さんが私の研究室においでになる度に、介護職の処遇を改善すべきだと言われるのを伺っていて、このことについてはもうひしひしと強く認識しています。今は、私は一介の教員に過ぎませんので、できることに限界はありますが、自分としても何かお役立つ動きをしなくてはいけないと思っています。

この問題をどう考えるかなのですが、1つの視点は、介護人材が足りないと言われている、その最も大きな理由は賃金が低いことにあります。人材が集まらないのは賃金が低いからです。これは労働力の需給の世界では当たり前のことです。ですから問題点は明々白々なのです。ではなぜ、それを解決できないかです。

これは1つには、介護の専門性が十分に理解されていない、ということだと私は考えています。これも介護福祉士という仕組みができ、さまざまな文献やテキストが作られ、かなり明らかになってきましたが、しかしこの専門性を本当に生かせる仕事の仕方、専門性を伸ばせる職場の作り方といった現場実態ができないと、なかなかそこに大きな財源を付加していくことに社会の理解と合意が得られないのです。

2点目は、むしろもっと基本的なことになりますが、若い職員のことに石井さんは触れられましたが、要するに今の社会は若い職員のやさしい気持ちに甘えているのです。若い職員は給料のこと以上に介護の仕事にやりがいを感じておられると思うのです。社会はそれに甘えているわけです。お医者さんのことを考えてみてください。人の命を救うのは崇高な仕事です。崇高な仕事をしたいからしているのだから給料は低くてもかまわないといって低くしているでしょうか？　崇高な思いで仕事をやっているからと言って、それに甘えてはいけないわけです。

ですから私は、介護の専門性を明らかにする中で、それにふさわしい処遇にする社会の理解とその変革のチャンスをつくっていかなければいけないと考えているのです。

今後の日本の介護の最大の課題は、大都市圏の高齢化です。ものすごい波がやってきます。私はあえて言いますが、政治の大課題になると思います。今でも大課題ですが、今のような対応ではすまない状況が近づいてくると思います。そのとき、思い切った対応をする改革ができるかどうか。私がそれにどれだけお役に立てるのか分かりませんが、自分の置かれた立場で何とかお役に立てるような取り組みをしたいと考えています。できることを一つ一つしていくしかありませんが、何とか環境を変えたい。ですからこの本の出版のお手伝いもその1つだと考えています。みんなで自分でできることをやることが大切だと思います。

石井　先生にご無理なことばかりお願いしているようで恐縮です。

長崎　私は高齢者施設の研修・教育を担当したことがあるのですが、経済産業省の担当課の人の話を聞いていると、サービス産業の生産性向上で、介護事業がターゲットになっているのは事実なのです。いま大手企業も介護の分野に参入してきたりしていますから、仕組みや業務の面での効率化や機械化を進めなくてはいけない部分が多分、あるのだと思います。

ただ、今おっしゃられた、介護の現場では人のメンタルな部分といったものに依存し過ぎていることがあるのではないかとは思います。

辻　ですから、繰り返しになりますが、介護がいかに専門性を必要とするものであるかの理解が不足していることが大きな課題としてあるということなのです。

しかし、長崎さんがおっしゃるように、現場が財源を投入するのにふさわしい体系性、効率性を確立しているかどうかは、もう１つ大事なことだと思います。そこはまだ十分できていないのは事実だと思います。運営形態として、いわゆる零細自営業のようなところに、大きな投資はできにくいでしょう。そこはやはり、合理的な経営システムと専門性が発揮できる現場システムをつくる努力が必要で、ここがまだ不十分だということです。
私がもし政策の運営の立場にあったら、専門人材の一定のキャリアパスの確立ができるような合理的な経営規模への集約化を行っていくと思います。

団塊の世代としてどう背中を見せるか

長崎　最初に辻先生もおっしゃっていましたが、石井さんも先生も団塊の世代としての背中を見せたいのだと。最後まで自立した人間として生き、後の世代に見せる、日本人像を確立したいということを仰っています。そういう大きな課題を意識しておられることにとても共鳴、共感をします。
その意味でここで、団塊の世代に対する、あるいはそれに続く世代に対するエール、檄を発信していただければと思います。

辻　私は団塊の世代の人間ですが、70歳前半になって一応、今生きている人の中では、過去を語れる世代になってきたと思いますので、あえて申しますと、日本はいま先の大戦のときに相当するくらい大きな危機に直面していると思います。
膨大な国債を抱き、一方でものすごい高齢化と人口減少が同時にやってくる。これをどう乗り切るか、たいへん難しい問題です。この前の危機のときには、戦争で大変な経験をして、そのとき国に殉じた人を直接知っている方々が、戦後の日本をここまで持ってきてくださったのだと思います。その方々は、多くの同世代の人々が戦争で散っていったことの痛みを深く心に秘めて戦後この国の再建のために頑張ったのだと思うのです。その世代の背中を見て育った団塊の世代が、今この危機の渦中にあってどのように次の世代に背中を見せるのか、ということが問われていると思います。

団塊の世代は、私もそうですが、棺桶まで争うと言われ、多くのブームを担った大きな人口集団の世代です。今団塊の世代が中継ぎになって次の世代に背中を見せなくては、先の危機に遭遇した世代の強い思いは途切れてしまうことを懸念します。私ども団塊の世代は、多くはリタイアしており、社会を大きく変えるのはわれわれの仕事とはもう言えないでしょう。ですが、この国の幸せを願っている、という思いを行動で表すことで次の世代に背中を見せることはできるのではないでしょうか。

それは超高齢化という国難ともいえる事態に、当事者として70歳を超えても健やかに生き、何らかの形で社会に役立つ人生を送る、ということです。今から自分たちでできることをやればいいのです。そうつくづくと最近思うようになってきたのです。

石井さんも、そのような気持ちで行動しこの本を書かれたのではないかと考えています。本当にありがたいことだと思います。

石井　そうですね。先生に背中を押されて私は実行に移しました。先生の言葉には言霊が宿っているので、つい身体が動いてしまうのです。私はこの本を読まれた読者の方々が動いてくださると、とても期待しているのです。団塊の世代はやはり、だんだん高齢者世代の中核になりつつあるわけで、私たちは今の話を受けて、社会貢献世代にならないといけないのではないかと思います。

この間、長崎先生と話をしていたら、非生産年齢人口という言葉はよくない、社会貢献世代ではないですかと言われので、私はいたく喜びました。高齢者世代は社会貢献世代になるのです。あらゆる社会貢献ができます。働き続ける、ボランティアをやる、寄付する、子育てのお手伝い、あらゆるところに社会貢献できる窓口はいっぱいあります。辻先生に激烈なる檄を飛ばしていただきましたので、ぜひ家に閉じこもらずに、外へ出ていただくことをお願いしたいと思います。

長崎　世代論を述べるわけではありませんが、私は1953年生まれで、仕事で結構、団塊の世代の方と一緒の機会が多くて、結構、身近で鍛えられてきたので、この世代に対してはは個人的にはあまりいい印象を持っていなかったのですが、今のお話を聞いたり、石井さんと長くおつきあいさせていただいてきて、この世代の本当の考え方や、生きていく上での価値観のようなものがだんだん見えてきて、人数が多くてガリガリ競争心だけ燃やしている世代ではないのだということもわかってきました。そういう背中を見せること、日本の中で各世代が持つ役割、それを今も実践されている姿を見て、私自身も非常に熱く感じるものがあります。団塊の世代に対する見方が本当に根底から変わったような気がします。

今後の超高齢社会についてですが、辻先生が繰り返しお話されているように戦後最大の危機になる中で、お2人はこれからも社会との関わりを持って発信したり、仕事をされていくと思いますが、これから一番の課題として進めたいと思っていることは何ですか。

コロナ禍を機に優しく温かい社会を目指す

石井　今まさにコロナ禍で、日本人はその行動の転換が迫られようとしている時代になってきました。私もこうして本を書かせていただくことで、長崎先生とテレワークをしながら、今回こうしてまたテレビ会議をさせていただき、その先端のＩＴ革命の中に入っているのですが、テレワーク時代というのは、家庭介護への回帰の時代になっていくのではないかと考えています。

ただ、家庭でテレワークが増えますと、会社に行って朝から晩まで仕事をして頭を切り換える。また家に帰ってきてデイサービスから戻ってきた親御さんや親族の介護をすることとは違って、一日中同じ家の中にいる場合、仕事をしている緊張感の中でときどき食事をさせたり世話したりするのですから、介護をするのにも難しいものがあります。

従って、家族介護への回帰が始まるいい予感を持ってはいるのですが、テレワークする方はぜひ、こんな情報があるという発見をしてもらうためにも、介護についてさらに勉強していただくことが大事なことだと思います。そうやって介護をしていただかないと、非常に不幸なことになってしまうと思います。そういうデメリットをまずクリアしていっていただく必要があると思います。

それと、とにかく最初私は、介護を簡単なものだと考えていたのですが、やはりそれはとても難しいものなのです。

先ほど辻先生がおっしゃった、専門職の仕事なのです。この本では専門テキストからいろいろ引用させてもらったのですが、簡単に身につくことはありません。ですから難しい場面に当たったときは、近くの介護の専門職の人やケアマネジャーの人にすぐ聞いていただいて、無駄な、間違った介護をしないことがとても大切です。

先生がおっしゃっていますが、世の中にはいい本がたくさん出ていますが、その内容が実行されていなくては、何の影響もないということです。この本が影響力を持つようになるには、読んで行動に移していただけるようになることだと思いますが、そのためには市町村や地域包括センターで、介護をこれからされる、あるいは今しておられる方々に、介護の講習会をこれまで以上に頻繁にやっていただく。そういう機会があれば、自分でさらに勉強をされていかれるだろうと思います。そうすることで家庭が円満になっていくことが大事な点だと思います。

それから、私ども横浜市の場合ですけれども、ボランティアポイント制度というのがあります。うちの妻もその講習を受けましたが、1日5時間ボランティアをやっても、30分以上は２００ポイントまで。２００円換算のポイントがもらえます。これを積み立てて、年末に8千ポイント、８千円まで換金できるか、もしくは寄付が出来る制度です。2万ポイントためても8千円が上限です。ボランティアだけですとなかなか一歩踏み出してくださる方が少ないのではないかと思います。常々、先生が言っておられることですが、例えば全国の自治体で共通にして年間、例えばポイント換算で最高10万まで換金できるようにすれば、ボランティアにも熱が入ると思います。介護職員の不足にも対応できる可能性があります。

介護職員はとても忙しい人が多いですから、施設に来られる利用者の方と話をする時間が殆どないのです。一日に介護職員が利用者と話をする平均時間は、データによれば数分しかないということです。それで、ボランティアの方がここに入って、利用者の方とお話をしてくだされば、利用者の方は精神的にも安心できますし、その後も非常にいい生活を送っていただくことができます。やってくださるボランティアの方は、社会参加をされる充実感に加えてお小遣いがもらえる。このポイント制度をもっと充実していただけるようにと、辻先生にもご尽力いただけないかと考えています。

あと1点は、日本では介護離職が年間10万人も出ているのです。経営者の方々も非常に悩んでおられると思います。優秀な人材も辞めていかれますから。ですから、介護をしている社員を大切にしていただけるような制度、例えば家族手当のような介護手当を出していただくなど、会社でつくっていただければ非常に家族介護をしやすくなります。また、離職を防ぐための介護休暇を取りやすくなることにもつながっていくと思います。

長崎　お話を聞いていても、介護は本当に大きな社会的なテーマで、経済の問題にも影響してきます。いま日本人の生活そのものが今回のコロナの危機の中で、介護問題に対する意識が少し薄れていますが、本来はもっと大変なテーマで、国を挙げて取り組まなければならないのに、先送りされているという感じがします。辻先生、今後の乗り越えていく課題と、まとめの言葉をいただければと思います。

辻　石井さんからコロナの話が出ましたが、新型コロナ問題はもう日本経済にとっては大ショックです。この大ショックをどう受け止めるのか。これはある意味、神様がいるとすれば神様の深いご配慮かもしれないと思っているのです。要するに、これまでのパラダイム、座標軸を変えるくらいのことを考えろ、ということです。ただひと言付け加えますと、この災禍はワクチンの開発等々によって、また元のような社会に戻ると思います。私は人と人が接触できないような社会は永続しないと考えています。ですから元に戻るのですけれども、新型コロナの流行は、ここで発想を転換しろというチャンスをくれているわけです。我々国民も企業人もそうですが、自治体も、国も、本当に次の社会をどう考えるか、ということにこのチャンスを使って欲しいと思うのです。

そういう意味で次の社会を概観すると、大きな国債を抱いてこの償却をどうするのかの課題を持ち、超高齢化が進み、人口が減少していく。経済的には残念ながら、大きな夢を語り得ない状況になってきているように思います。しかし、夢はあります。それは、暖かい社会をつくるということです。乏しきを憂えず、等しからざるを憂う、という言葉がありますけれども、幸いに消費生活面では日本は非常に高度な社会になっています。もはや窮乏の時代ではないのですから、みんながお互いを理解し合い、助け合い、優しい暖かい社会をつくることはできます。

経済発展は本来、そういう社会を目指したものであったはずです。ですから私はこの機会に本当に、そういう方向に頭を切り換える議論を社会全体でしてほしいと思うのです。

優しい暖かい社会をつくるうえで、介護は大変重要な分野ですが、介護との関係で言えば、産業も介護とは関係ないことはありません。ですから産業界も何ができるのか考えてほしいのです。

今の石井さんの貴重な提言についても、例えばポイント制を導入するのに行政からはあまりお金を出せないと思いますから、そのポイントで企業が商品を安く買える点数として使えるように協力するとか、あるいは家族介護をしている社員を今以上にしっかりと応援し大事にしてあげたりすることが望まれます。そのために企業側のコスト負担がかかりますが、このように大きな今後の社会の有り様を考えた企業活動を行えるよう、企業のご努力はもとより社会もそのような企業をしっかりと応援することを目指していくことを願います。社会の構成員皆が優しい暖かい社会を目指すという価値観を共有して国づくりに取り組み、世界に発信したいものです。それが日本社会の持続可能性に繋がると思います。

ＳＤＧｓということもそうですが、社会の持続可能性に繋がる取り組みの中で、全てのものをもう一度見直していく、社会の枠組みを再構築する時代にいま来ていると思うのです。その意味で、介護の問題では、石井さんのような生き方が大きな問題提起をしているのだと思います。私はそのように特に産業界の人にも受け止めていただきたいと思っています。

長崎　この本が持つ価値が非常に多岐にわたっていることを改めて実感できるお話しだったと思います。今お読みになっている読者の皆さまには、この鼎談から読み始める方もいらっしゃると思いますが、ぜひここに書かれている本質をつかんでいただき、一人でも多くの方が社会を変える動きをするきっかけになってくれればと思います。コロナ危機も考え方を変えるいいチャンスだと辻先生からの言葉もいただきました。これは全ての国民がそう認識して、特に企業の人たちが、たとえ事業が厳しくなっても、社会に対する大きな絵と希望を描きながら進んでいかなくてはいけないのだと、改めて思いました。この本質をぜひご理解いただければと思います。本日はどうもありがとうございました。

あとがき

60の定年を迎えて、郷里の先輩が創業された出版社に入社させてもらいました。もちろん未経験でしたが、創業者の会長や、社長以下の社員に1から10まで幼児が学ぶように色々教えてもらいました。

本の企画などしたこともありませんでしたが、知らないが故の強さから、企画書を作り、本の制作に参加させてもらいました。その過程で官僚の方々や経済界の方々に多くの知遇を得ました。また、国民の関心事にも目が向くようになりました。定年まで勤めた会社でも対外折衝を長年担当していたので、これまで人との付さ合いは大切にしてきたつもりですが、さらに深まりました。

高齢者世代になり、介護の仕事に就いてからは、人を引き付ける魅力をお持ちの辻哲夫先生のもとに、介護業界を改善して欲しいと個人の意見書を持ち、ずーと通い続けました。その結果、本を出版することになるとは全くの想定外でした。

今回の出版も、多くの方のご支援があればこそです。人の縁の不思議さを痛感します。

新型コロナウイルスの感染が話題になり、日常生活に制約があるようになると、急に原稿を書き始めました。感染して原稿が書けなくなれば、後悔すると思ったのです。原稿も進んだところで、出版社をいろいろ紹介してもらいました。

しかし、出版社時代に郷里の先輩で、何も知識のない私に業界のことを誠実に助言してくださった㈱財界研究所の村田博文社長のところに行き、出版を頼みました。私や辻先生の心を汲み取り、しっかり引き受けていただきました。また、編集委員の畑山崇浩氏には、原稿や締め切りでのご迷惑をおかけしましたが、忙しい中で無事出版まで導いていただきました。深く感謝しております。

また、本を書く中で、介護学校時代講義を受けた介護福祉士の実務者研修テキストの中から、多くの専門的な知識を引用させてもらいました。中にある図表も引用しましたので、村田社長に㈱日本医療企画の林諄社長を紹介していただきました。お会いすると快く図表をお貸しいただきました。

社長の林諄様とは、初めてお会いしたのに不思議な縁でつながっておりました。本部長補佐の吉見知浩氏には、不足する図表まで探し出して提供していただきました。誌面をお借りして、心よりお礼を申し上げます。

原稿の内容面では、勤務先、㈱ゆいの取締役富田克利氏には、困った時の相談先や介護施設の説明などについて適切な助言をいただきました。

介護施設に勤務するようになり、知人のほとけさまのような夢工房だいあん㈱の光田敏昭相談役を中心に大田昌克氏、中尾和美氏とは定期的に面談し、介護業界についての貴重な助言を頂戴しました。特に大田昌克氏には、原稿を丹念に見ていただきました。

また、かかりつけ医で、長年病気のときかかっている佐々木消化器科内科の佐々木坦先生には、風邪の引きはじめなどに、診察してもらい勤務を休んだことはありません。介護についても深いご理解を示してくださいます。

少年自衛官時代の友人、切原勉君夫婦は、郷里で15年前から今日まで介護ボランティアを続けており、現在は地区公民館長などで地域にも尽くしていますが、私は彼の生き方に強い影響を受けました。同じく郡山洋一君は、今年の3月まで長いサラリーマン生活をしていました。人に頼まれると誠に面倒見の良い男で、介護への助言や協力を惜しみなくしてくれました。

他にお名前を記載していない多くの方々のご協力もいただきましたことを記して感謝の気持ちをお伝えします。

このように、多くの皆様の暖かいご支援によりこの本は、出版されました。人のご縁の大切さが心にしみております。

本の題材になってくれた母や父は、極楽でびっくりしていることと思います。13年にわたる介護記録が役に立つとは著者自身思いもよりませんでした。父母とも仕事がら人のために尽くしてきた人生ですので、きっと了解し、読者の方々のために役立ってほしいと、同じ思いを持っているのではと想像しています。

最後に、本を手に取りお読みいただいた読者の皆様には、お会いすることはかないませんが、ここに改めてお礼を申し上げます。

2020（令和2年）年11月　石井統市

【推薦者・鼎談者プロフィール】

辻 哲夫（つじ　てつお）1947年団塊世代の生まれ、兵庫県出身。

東京大学法学部卒業。1971年厚生省入省。2006年厚生労働省厚生労働事務次官。2009年4月東京大学高齢社会総合研究機構教授、2011年同機構特任教授、2020年4月より同機構・未来ビジョン研究センター客員研究員。

医療経済研究・社会保険福祉協会理事長、健康生きがい開発財団理事長等多くの役職を兼務。

日本の超高齢社会対策・地域包括ケアシステム推進者の一人
編著書「日本の医療制度改革がめざすもの」時事通信社「地域包括ケアのすすめ在宅医療推進のための多職種連携の試み」東大出版会「地域包括ケアシステムのまちづくり」東大出版会等多数

【企画・鼎談司会者プロフィール】

長崎 昇（ながさき　のぼる）1953年生まれ、東京都出身。

早稲田大学商学部卒業。多摩大学大学院経営情報学研究科修了。

株式会社日本能率協会コンサルティングチーフ・コンサルタント
メーカー、サービス産業におけるCS経営構築、マーケティング戦略立案、実践などコンサルティング、教育活動に幅広く活躍。近年では、福島県における原発被災企業の復興支援活動など今までの経験を活かした社会貢献活動にも挑戦している。

現在、国土交通省国土交通大学校講師、城西国際大学非常勤講師。

「超現場主義」（時評社）、「企業研修にすぐ使えるケーススタディ」（経団連出版）など著書・論文多数。

【著者プロフィール】


石井 統市（いしい　とういち）1947年団塊世代の生まれ、鹿児島県出身。介護事業所㈱ゆいの小規模多機能型居宅介護施設・グループホームに4年3か月パート勤務、介護福祉士。消費生活アドバイザー。

陸上自衛隊少年工科学校卒業、獨協大学法学部卒業、大手流通業入社本社課長職、部長職関連会社数社の役員兼務、大手クレジット会社移籍、部長職を定年退職。出版社専務68歳で退職し、介護学校の全日制に6か月間通学。現在、介護職員。

52歳から両親と同居し、13年間介護を体験する。その間、出版社時代に日本の超高齢化対策の本を企画し、シリーズで3冊出版に参加。その際に辻哲夫先生に原稿を依頼し面識を得る。

親の介護、介護学校での勉強、介護施設の勤務を通じ、家族介護の大変さを少しでも解消して楽になってもらうための本を今回執筆。

きっと楽になる家族介護のすすめ

2020年11月20日　第1版第1刷発行

著　者　石井 統市
発行者　村田 博文
発行所　株式会社財界研究所
［住所］〒100-0014 東京都千代田区永田町2-14-3
東急不動産赤坂ビル11階
［電話］03-3581-6771
［ファックス］03-3581-6777
［URL］http://www.zaikai.jp/
印刷・製本　日経印刷株式会社

ISBN 978-4-87932-142-8
定価はカバーに印刷してあります。